2017

El PODER de las PLANTAS

CREEMOS QUE TENEMOS el PODER de PROVOCAR EL CAMBIO

SOMOS la REVOLUCIÓN A BASE DE PLANTAS

CREEMOS QUE TODOS SOMOS la MANIFESTACIÓN de NUESTROS PENSAMIENTOS

LA REVOLUCIÓN
DE LOS 22 DÍAS

El RECETARIO

LA REVOLUCIÓN DE LOS 22 DÍAS

EL RECETARIO

MARCO BORGES

Traducción de
Benjamín de Buen

Grijalbo vital

Al igual que con otros regímenes de pérdida o control de peso, el programa nutricional descrito en este libro debe seguirse después de consultar a un médico para asegurarse de que sea apropiado para sus circunstancias individuales. Tenga en mente que las necesidades nutricionales varían de persona a persona, dependiendo de la edad, el sexo, el estado de salud y la dieta total. El autor y la editorial no se hacen responsables de cualquier efecto adverso que ocurra como consecuencia del uso o la aplicación de la información contenida en este libro.

Las recetas de este libro deben seguirse al pie de la letra. La editorial no se hará responsable por tu salud particular o por problemas de alergia que requieran supervisión médica. La editorial no será responsable en caso de una reacción adversa a alguna de las recetas contenidas en este libro.

La revolución de los 22 días. El recetario

Título original: *The 22-day revolution cookbook:*
Unleash the life-changing health benefits of a plant-based diet

Primera edición: abril, 2017

D. R. © 2016, Marco Borges

Publicado bajo acuerdo con Celebra, un sello de Penguin Publishing Group, una división de Penguin Random House LLC. Todos los derechos reservados, incluyendo el derecho de reproducción total o parcial por cualquier medio o procedimiento.

D. R. © 2017, derechos de edición mundiales en lengua castellana:
Penguin Random House Grupo Editorial, S. A. de C. V.
Blvd. Miguel de Cervantes Saavedra, núm. 301, 1er piso,
colonia Granada, delegación Miguel Hidalgo, C. P. 11520,
Ciudad de México

www.megustaleer.com.mx

D. R. © 2017, Benjamín de Buen, por la traducción

D. R. © 2016, Ben Coppelman, por las fotografías de interiores

D. R. © 2016, Elizabeth Reinhardt y Ben Coppelman, por la composición fotográfica

D. R. © 2016, Pauline Neuwirth, por el diseño editorial

D. R. © 2016, Ryan Seacrest, por el prólogo

ISBN: 978-607-315-239-6

Impreso en México – *Printed in Mexico*

Impreso Offset Santiago S.A. de C.V.
Parque Industrial Exportec,
Toluca, Estado de México

El papel utilizado para la impresión de este libro ha sido fabricado a partir de madera procedente de bosques y plantaciones gestionadas con los más altos estándares ambientales, garantizando una explotación de los recursos sostenible con el medio ambiente y beneficiosa para las personas.

Penguin
Random House
Grupo Editorial

Para Mila, Maximo, Mateo, Marco Jr. y Marilyn

Los quiero con todo mi corazón

ÍNDICE

Prólogo | 11

INTRODUCCIÓN | 15

CONSTRUYE TU PROPIO PROGRAMA DE 22 DÍAS | 31

PREPÁRATE PARA TRIUNFAR: Llena tu despensa,
escribe tu lista de compras, prepara tu cocina | 39

RECETAS PARA LA REVOLUCIÓN DE 22 DÍAS | 43

DESAYUNO | 45

COMIDAS, CENAS Y PLATOS FUERTES | 131

REFRIGERIOS Y GUARNICIONES | 243

POSTRES | 289

RECETAS BÁSICAS PARA LA DIETA DE PLANTAS | 321

GUÍA PARA COMER EN RESTAURANTES | 363

CONSEJOS PARA TRIUNFAR | 369

CONCLUSIÓN | 373

Agradecimientos | 375

PRÓLOGO

POR RYAN SEACREST

DE NIÑO me encantaban los nachos.

Nachos, pizza, dulces; me encantaba la comida chatarra, como a cualquier niño. El problema es que la comida chatarra no me quería tanto como yo la quería a ella. Me hizo subir de peso y dejé de sentirme a gusto conmigo mismo. Me daba pena mi cuerpo y ciertas situaciones sociales me daban miedo; por ejemplo, ir a la alberca con mis amigos. Nadaba con mi camisa de Bon Jovi para esconder mi sobrepeso.

En la preparatoria empecé a hacer ejercicio y a comer mejor. Así logré estar más a gusto con mi cuerpo y pude superar muchas de mis inseguridades. Honestamente, batallé mucho tiempo con mi peso. En parte ocurrió porque, en pocas palabras, me encanta comer (¿a quién no?). Y en parte también fue porque realmente no entendía la verdadera ciencia de los alimentos y su relevancia para mi cuerpo, mente y alma.

Conocí a Marco Borges hace unos cinco años. Había escuchado muchas historias fabulosas sobre su forma de trabajar con las personas para ayudarlas a llevar una vida más sana y lograr objetivos aparentemente imposibles. Lo que más me impactó cuando lo conocí fue que se mostró muy reflexivo y considerado al hablar de mi salud. Me demostró que la conexión entre la comida y los alimentos es primordial, pero también se enfocó en la salud de todo mi cuerpo; es decir, que no basta con llevar una dieta balanceada a base de alimentos enteros, sino que también hay que desarrollar programas de ejercicio que sean convenientes para mi estilo de vida.

Con la ayuda de Marco, probé el programa de la Revolución de los 22 días y por primera vez llevé una dieta vegana basada en plantas. Es un gran maestro y además es paciente, es realista y sabe mucho. Me desglosó los errores más comunes, los obstáculos y los mitos que hay sobre las dietas de plantas, y aprendí a desarrollar masa muscular magra sin comer carne ni consumir suplementos de proteína procesados.

Me sorprendió que adaptarme a la alimentación a base de plantas haya sido tan fácil, y en poco tiempo empecé a elegir naturalmente opciones veganas en restaurantes o a buscar refrigerios de verduras y humus.

Y lo más importante, pude vivir personalmente las transformaciones que ocurren gracias a una dieta de plantas; no sólo cambia tu cintura, también cambia tu cerebro. Desde la primera semana del programa sentí un tipo de energía que para mí es muy difícil de lograr, por mis días largos y mi calendario ajetreado. Mi agudeza mental aumentó, pero por encima de todo sentí que estaba físicamente más fuerte y me sentía poderoso. Lejos quedó aquel niño pasado de peso que se escondía cuando iba a la alberca comunitaria. Ahora, ya sea en la alfombra roja, cuando estoy con amigos o en el gimnasio, tengo más confianza, soy más feliz y me siento más sano que nunca.

La revolución de los 22 días. El recetario es una herramienta increíble, porque puedes ajustar las 150 recetas del libro a tus objetivos individuales. También te ayuda con la difícil tarea de mantener el programa cuando comes en restaurantes, algo que a muchos nos cuesta trabajo.

Este libro no fue escrito para convertir a los lectores en veganos. Fue escrito para enseñar a la gente a comer más plantas y verduras y crear hábitos saludables a largo plazo, alimentándose exclusivamente a base de plantas durante 22 días. Más allá de este ciclo, los beneficios de la alimentación a base de plantas serán proporcionales al tiempo que cada persona decida continuar con este hábito. El objetivo es ayudar a los lectores a vivir plenamente y a lograr dar lo mejor de sí.

No cabe duda de que Marco me enseñó el camino para alcanzar mi potencial, aunque, tristemente, eso significó que se acabaron los nachos para mí; ¡no obstante siguen siendo mi primera opción cuando decido relajarme por un día! No es una pérdida grave, porque seguir los mandatos de los 22 días significa que puedo disfrutar de estas recetas deliciosas y saludables, y además sentirme muy bien. Sin duda, vale la pena.

EL RECETARIO DE

LA
REVOLUCIÓN
DE LOS 22 DÍAS

INTRODUCCIÓN

La salud de las naciones es más importante
que su riqueza.

—WILL DURANT

BIENVENIDOS A LA FAMILIA

Si tienes este libro en tus manos, es porque ya eres parte de la familia del Programa de 22 Días. Para mí, la familia es un lugar donde podemos sentirnos seguros, donde podemos ser vulnerables y donde encontramos la fuerza para hacer cambios positivos. Juntos, nos apoyamos para conseguir nuestros objetivos, aprender más, levantarnos y hacer nuestro mejor esfuerzo a pesar de que no siempre sea fácil.

Cuando escribí este libro lo hice con la idea de brindarte las herramientas del éxito para que pudieras llevar el máximo bienestar a tu hogar.

Algunas personas acuden a centros de spa o hidroterapia para tratar de bajar de peso. Es cierto que ayuda y que todos podríamos intentarlo, pero ¿qué ocurrirá al lunes siguiente cuando esas personas lleguen a casa y no encuentren más que alimentos dulces llenos de sal y grasas que no son saludables? Las buenas intenciones se irán por la ventana.

Un spa es un buen lugar para volver a empezar, pero al contratar un entorno ajeno, al permitir que alguien más compre los ingredientes y prepare tus alimentos, y al permitir que alguien más defina tus porciones, estás dejando pasar la oportunidad para aprender a cuidarte por tu cuenta. No importa que tus intenciones sean buenas ni que sientas un gran compromiso con la idea de aumentar tu bienestar, cuando regreses a tu entorno de siempre será más difícil mantener las rutinas que acabas de conocer.

Escribí este libro, y todos mis libros, porque la salud que comienza desde casa puede ser sostenible. Puede durar. Cuando aprendes a preparar alimentos basados en plantas, sin depender de un chef, tienes una idea más cercana de lo que significa la buena nutrición. Cuando aprendes a cocinar platos saludables, cuando comprendes la importancia de tu salud, obtienes las herramientas para tomar decisiones saludables dondequiera que estés, en una fiesta de 4 de julio en la casa de tus amistades cercanas o una fiesta anual de fin de año. Cuando aprendas a hacer rutinas sencillas de ejercicio desde tu hogar, ni el tráfico ni el clima podrán impedir que hagas ejercicio.

Por ello, en mi propia casa, he educado a mis hijos para que tengan conciencia de su salud. En mi hogar hablamos mucho sobre nutrición. Nuestros hijos nos escuchan hablar mucho sobre el efecto de los alimentos en nuestro bienestar, y sobre el ejercicio y su importancia para nuestra salud. Aparte de hablar del tema, también lo viven. Todos hacemos deporte y salimos de la casa para jugar. Hacemos viajes familiares al mercado y visitamos granjas cercanas. Mis hijos pueden distinguir productos orgánicos desde lejos y siempre son los primeros en lanzarse por ellos. Entre nuestras indulgencias familiares están los vasos de frutas orgánicas y la calabaza orgánica de verano rostizada. Mi esposa comparte mi enorme pasión por la vida y la alimentación saludables, y desde que estamos juntos ella me ha enseñado mucho de cocina. Me encantan sus minimuffins de zanahoria y nuez y su tabule de lentejas, y sí: ambas recetas están en este libro.

¿Por qué estoy tan orgulloso de mis hábitos? Porque es una manera de ofrecer el regalo de la salud a mis hijos.

En nuestra familia la comida y el amor van de la mano, como ocurre en todas las familias. Pero nuestra comida es de todos los colores del arcoíris, crece en hortalizas y no ha sido convertida en figuras de colores al interior de una fábrica. Queremos plantas vegetales, no plantas industriales. Queremos alimentos enteros para toda la familia, y toda la vida que las plantas nos dan.

¡VIVA LA REVOLUCIÓN!

La Revolución de los 22 Días consiste en transformar tu forma de comer. Lo primero que tienes que hacer es restaurar tus hábitos y olvidarte de tus antiguas costumbres. Se trata de empezar una nueva vida y de sentirte vibrante y lleno de energía. Es sobre cuidar tu salud y deshacerse de los kilos de sobra. La revolución consiste en comer alimentos de verdad. Alimentos frescos. Alimentos enteros. Alimentos a base de plantas. Alimentos que están llenos de vitaminas, llenos de minerales, llenos de proteínas y carbohidratos y grasas saludables para que todos los sistemas de tu cuerpo funcionen a la perfección y te permitan vivir plenamente.

He visto los efectos de esta revolución en mis clientes y en las personas que amo (a veces son las mismas personas). Me han buscado hombres y mujeres de todas las edades que se sienten fuera de forma o aletargados o porque quieren bajar cinco, 10 o hasta 50 kilos; cuando les enseño los beneficios de las plantas, su vida se transforma. Sus pensamientos se vuelven más agudos. Sus cuerpos se fortalecen.

Es el resultado de alimentarse de acuerdo con lo que enseña este libro. Y por eso lo escribí, para que todos aquellos que apenas empiezan con la alimentación basada en plantas tengan un sinfín de recetas disponibles, y para que aquellos que ya viven los beneficios y ya son parte de la revolución tengan nuevas opciones a la hora de comer.

Si apenas estás comenzando o si ya conoces el Programa de los 22 Días, este libro se adapta a tus necesidades.

- Si sientes curiosidad por las comidas hechas a base de plantas y quieres probar nuevas recetas que están llenas de sabor y vitaminas.
- Si quieres bajar cinco, 10 o 50 kilos y has estado buscando un programa de dietas que funcione y sea factible.
- Si no te gusta la rigidez de algunos planes de alimentación, pero te gustan los menús planeados.
- Si necesitas cambiar o revisar tus hábitos, si te consentiste demasiado en las vacaciones, si has estado celebrando en exceso y con demasiada frecuencia, o si tienes un evento próximo y te quieres ver y sentir bien.
- Si quieres dejar de contar calorías y empezar a entender lo que significa realmente estar satisfecho.
- Si tienes muchos kilos de sobra y quieres un programa comprensivo de dieta y alimentación que ofrece una manera rápida y factible de bajar de peso y mejorar tu salud.
- Si sufres de enfermedades crónicas provocadas por comer demasiado e ingerir demasiados alimentos procesados, así como pollo y carne que están llenos de antibióticos y hormonas, además de colorantes y saborizantes artificiales.
- Si ya estás en tu peso ideal y quieres mantenerlo sin tener altibajos en tu peso.
- Si eres un atleta que quiere usar la alimentación a base de plantas para conseguir una ventaja competitiva.

No importa quién seas, este libro es para ti y para todas tus necesidades. Es un libro de cocina y mucho más. También es una guía flexible para la alimentación. Es una herramienta que despertará tu paladar y también tu conciencia. Es una guía para bajar de peso. Es un sistema flexible que puedes adaptar por completo, cada día, para maximizar los beneficios de tu vida y llevar una alimentación que te hará sentir increíble.

Si acabas de conocer el programa o si ya conseguiste tu propia Revolución de 22 días, podrás usar este libro para crear tu propio programa, personalizarlo de acuerdo con tus objetivos y hábitos alimenticios y descubrir nuevas recetas a base de deliciosas **plantas** que están llenas de vida.

MI PROPIO CAMINO HACIA LOS VEGETALES

Cuando me preguntan cuánto tiempo llevo comiendo plantas, mi respuesta de siempre es: cerca de 10 años. Pero si lo pienso con cuidado, mi recorrido ha durado realmente toda mi vida. Mi familia normalmente no comía alimentos basados en plantas. Comíamos productos muy procesados y generalmente fritos. En mi familia, cuando yo era niño, la comida significaba amor, pero no significaba necesariamente **salud**. Siento orgullo porque mis hijos y mi hija están creciendo con todos los beneficios de una dieta basada en plantas. Los beneficios son múltiples y los discutiremos a lo largo de este libro.

De niño descubrí el ejercicio gracias uno de mis tíos, y mi carrera como fisiólogo del ejercicio comenzó cuando me enseñó a usar pesas y a mejorar mi cuerpo con un poco de esfuerzo y de sudor. El ejercicio siempre ha sido una parte importante de mi bienestar, y si quieres obtener todos los beneficios de este libro, es buena idea combinar tu alimentación basada en plantas con una buena rutina de ejercicio. Pero las claves de tu salud están en tu comida. En tu plato y en tus cubiertos.

A mí me llegó el momento de la verdad cuando un pan dulce que desayuné me provocó una urticaria. Hablé con la enfermera de la escuela sobre mis posibles alergias y entonces me di cuenta de que la comida afecta nuestro estado de ánimo. Después de mucha reflexión y aprendizaje sobre los efectos de los alimentos en nuestra salud —en especial cuando empecé a entrenar más y a desarrollar mi cuerpo— pude entender la importancia de comer bien. Aprendí que los carbohidratos dan energía y la proteína desarrolla los músculos. Aprendí sobre las grasas saludables y sus beneficios para mi cuerpo y mi cerebro.

Y aprendí también sobre las plantas y la nutrición de alta calidad que nos ofrecen. Todas las plantas. Las nueces. Las legumbres. Los granos. Las verduras. Las frutas. Las moras. Fueron varios años de transición hacia una alimentación basada en plantas. Llevo 10 años alimentándome de plantas y nunca me he sentido mejor. Pero no fue cuestión de simplemente presionar un botón. Fue un proceso que tomó tiempo, tuve que aprender, poner atención y darme cuenta de cómo me sentía cuando dejé de comer alimentos procesados, lácteos, carne, pollo y huevo. Durante un tiempo comí pescado, pero luego lo dejé. Ahora toda mi alimentación se basa en las plantas, y cuando puedo también hablo sobre los beneficios de las plantas con mis amigos, familiares y clientes.

Al final, todos —familiares, clientes, amigos y yo— salimos beneficiados, porque una dieta basada en plantas es la clave para optimizar nuestro bienestar.

¿QUÉ ES LA ALIMENTACIÓN BASADA EN PLANTAS?

Me encantan los alimentos basados en plantas. A mis clientes también. Por eso funciona este programa. Por eso es tan sostenible y por eso puedes comer así durante años y cosechar todos los beneficios. Porque la naturaleza quiere que comas así. La Revolución de los 22 Días no es una trampa, no tiene trucos. Simplemente hay muchas gratificaciones, que son deliciosas y te hacen bien. Ésa es la lógica detrás de los alimentos que conocerás aquí.

La palabra *vegano* aparece muchas veces en este libro, y leerás mucho sobre la alimentación basada en plantas. ¿Por qué no decir que es un libro "vegano"? Promueve una alimentación vegana, ¿no es así? Claro, es vegano, pero es más que vegano. Lo importante no es lo que estamos excluyendo. Lo importante es lo que estamos incluyendo.

Ser vegano quiere decir que no comes carne, ni pollo, ni pescado, ni productos lácteos. Pero hay dulces que no contienen productos animales y son aceptables para veganos sin ser saludables, es decir que puedes alimentarte exclusivamente de dulces veganos, llevar una vida vegana y aun así tener exceso de peso y mala salud.

¡Yo no quiero que tengas sobrepeso! ¡Tampoco quiero que tengas mala salud! Quiero que alcances tu peso deseado. Quiero que tengas buena salud. Por eso te estoy enseñando a llevar una dieta a base de plantas. Porque no se trata nada más de eliminar la leche, los huevos, el pescado, el pollo y la carne. Se trata de agregar zanahorias. Se trata de agregar semillas de ajonjolí, quinoa, frijoles negros, salsa, las ensaladas más frescas y crujientes, los postres más cremosos y las pastas más exquisitas. Se trata de comer plantas; plantas enteras, llenas de nutrientes y llenas de vida.

La revolución de los 22 días. El recetario es perfecto para veganos y vegetarianos ¡porque es vegano! Repito lo que he dicho tantas veces: cuando decimos alimentación basada en plantas nos referimos a las plantas, no a los alimentos fabricados en plantas.

LAS PROTEÍNAS EN LAS PLANTAS: Las plantas también contienen proteínas. Sí, las lentejas y el arroz son fabulosas fuentes de proteínas completas. El brócoli también tiene proteínas. Sí, el brócoli. Igual que los chícharos, los hongos, las espinacas…

NUECES Y SEMILLAS: Galletas con mantequilla de almendras, ensaladas con semillas de girasol, postres con semillas de chía… las nueces y semillas contienen muchas grasas y proteínas. Son ideales para el almuerzo de los niños o para agregar a cualquier receta. La leche de almendras es una bebida deliciosa. Las semillas de ajonjolí son la base de nuestro aderezo de tahini. Las semillas de chía son una gran fuente de energía y vitalidad, igual que las semillas de linaza y las de calabaza…

VERDURAS VERDES: No hay nada más verde que la col rizada. Las verduras verdes tienen todo lo bueno. Vitaminas, minerales y fibra; las verduras verdes a veces se visten de naranja, morado y amarillo, y lo podemos comprobar cuando vamos al mercado en pleno verano (prueba la col rizada arcoíris). Además de la infalible col rizada y las espinacas, prueba las acelgas, los berros y la arúgula…

FRUTAS: Aquí encontrarás todos los colores del arcoíris. Están las típicas manzanas, peras y plátanos, las frutas de temporada, como los duraznos y chabacanos, así como los mangos y la piña… y no olvidemos esas brillantes moras azules, rojas y moradas.

VERDURAS: Vienen del otro lado del arcoíris. Entre más colores aparezcan en tu plato, mejor. El rojo del betabel, el amarillo y naranja de los pimientos, el verde de las calabazas, el morado de las berenjenas…

ALMIDONES SALUDABLES: Los granos integrales y los tubérculos son una buena fuente de carbohidratos complejos y además están cargados de nutrición y energía. Los camotes naranjas o morados; el arroz integral negro, café o morado; la quinoa que contiene proteínas en abundancia y deliciosos carbohidratos… y no olvidemos la avena cortada, una deliciosa opción para calentar el cuerpo en invierno.

Con el Programa de 22 Días bajarás de peso si eso es lo que necesitas. Volverás a sentirte debidamente satisfecho. Tus sentidos despertarán para recordarte que la comida saludable es realmente deliciosa y además te hace sentir bien.

Cada día tendrás más energía. Te despedirás del arrepentimiento y de los momentos de culpa.

Cada semana bajarás de peso. Te sentirás más alerta y lleno de vida.

En 22 días te sentirás como nunca y podrás seguir disfrutando lo mejor de la vida.

VEGETARIANO: No come carne, pollo ni pescado. Sí come lácteos, huevo, granos y vegetales.

VEGANO: No come carne, pollo, pescado, lácteos ni huevo (nada de origen animal). Come granos, vegetales y fruta, y puede elegir ciertos alimentos veganos procesados.

A BASE DE PLANTAS: No come carne, pollo, pescado, leche, huevo (nada de origen animal) ni alimentos procesados. Come cien por ciento plantas: granos, legumbres, verduras, frutas, semillas y nueces.

LA CONEXIÓN ENTRE LAS PLANTAS Y LA SALUD

Todo lo que comemos, todos nuestros alimentos y todo lo que compartimos con nuestras familias definen cómo nos sentimos a lo largo del día. ¿Te sientes físicamente bien? ¿Emocionalmente? ¿Mentalmente?

Muchas personas ignoran los síntomas de la vida contemporánea como si fueran naturales o normales:

- cansancio y agotamiento
- dolor de estómago después de comer
- arrepentimiento después de comer ciertos platos
- agruras e indigestión
- malestar estomacal, sensación de estar inflado
- aumento de peso
- fluctuación en el peso
- obesidad
- enfermedades crónicas como diabetes tipo 2
- dolores de cabeza
- problemas para dormir
- problemas en la piel

Si reconoces alguna de estas sensaciones, es posible que sea culpa de tu alimentación. Si tu comida está envuelta en plástico, si se encuentra en la sección de productos congelados o si se puede preparar en menos de un minuto en un microondas, probablemente no sea comida de verdad y quizá sea la razón detrás de tu cansancio y malestar.

¿Estás listo para comer alimentos que mejoren tu salud? ¿Estás listo para alimentarte de comidas que te fortalecerán? ¿Te gustaría estar más delgado, sano, fuerte y contento? Las recetas, los menús y los programas que ofrece este libro están diseñados para mejorar tu salud. La salud y la comida van de la mano. Olvídate de la carne, los lácteos y el huevo. Elige la fruta, las verduras y los granos. Verás que la buena salud no tardará en llegar.

Lo cierto es que las plantas nos mantienen en condiciones óptimas. Ayudan a evitar las enfermedades prevenibles que tanto afectan a nuestra sociedad. Los estudios demuestran que la carne roja y la carne procesada aumentan el riesgo de cáncer y enfermedades cardiovasculares.[1] Y al mismo tiempo, se ha encontrado que la alimentación a base de plantas reduce las enfermedades cardiovasculares.[2] Si los infartos son una de las principales causas de muerte de hombres y mujeres, ¿no crees que tendría sentido buscar una forma de comer que reduzca los riesgos de infarto en lugar de incrementarlos?

Si buscas una receta efectiva y barata para tu salud, busca en tu jardín, en los huertos, en los cultivos o en la sección de frutas y verduras de tu supermercado. ¡No hay mejor medicina que las plantas!

- ¿Te preocupa la obesidad? Está relacionada con el consumo de carne.[3] Las dietas veganas ayudan a la gente a bajar de peso.[4]
- ¿Te preocupa la diabetes? Los vegetarianos tienen menor probabilidad de enfermarse de diabetes,[5] y las dietas basadas en plantas aumentan la sensibilidad a la insulina.[6]

[1]   R. Sinha, A. J. Cross, B. I. Graubard, M. F. Leitzmann y A. Schatzkin, "Meat Intake and Mortality: A Prospective Study of over Half a Million People", *Arch. Intern. Med.*, 23 de marzo de 2009, 169(6): 562-571. DOI: <http://dx.doi.org/10.1001/archinternmed.2009.6>. [PMC free article] [PubMed].

[2]   "Report of the Dietary Guidelines Advisory Committee on the Dietary Guidelines for Americans, 2010: To the Secretary of Agriculture and the Secretary of Health and Human Services", Washington, D. C.: Servicio de Investigación de Agricultura, Departamento de Agricultura de Estados Unidos, Departamento de Salud y Servicios Humanos de Estados Unidos, mayo de 2010.

[3]   Y. Wang y M. A. Beydoun, "Meat Consumption is Associated with Obesity and Central Obesity Among US Adults", *Int. J. Obes.* (Londres), junio de 2009, 33(6): 621-628. DOI: <http://dx.doi.org/10.1038/ijo.2009.45>. [PMC free article] [PubMed].

[4]   S. E. Berkow y N. Barnard, "Vegetarian Diets and Weight Status", *Nutr. Rev.*, abril de 2006, 64(4): 175-188. DOI: <http://dx.doi.org/10.1111/j.1753-4887.2006.tb00200.x>. [PubMed].

[5]   A. Vang, P. N. Singh, J. W. Lee, E. H. Haddad y C. H. Brinegar, "Meats, Processed Meats, Obesity, Weight Gain and Occurrence of Diabetes Among Adults: Findings from Adventist Health Studies", *Ann. Nutr. Metab.*, 2008, 52(2): 96-104. DOI: <http://dx.doi.org/10.1159/000121365>. [PubMed].

[6]   N. D. Barnard, J. Cohen, D. J. Jenkins *et al.*, "A Low-fat Vegan Diet Improves Glycemic Control and Cardiovascular Risk Factors in a Randomized Clinical Trial in Individuals with Type 2 Diabetes",

■ ¿Te preocupa tu corazón? Los pacientes con enfermedades cardiovasculares y arterosclerosis han mostrado mejorías después de asumir una dieta basada en plantas.[7]

¿Estás preparado para dejar atrás tus preocupaciones? Quieres prevenir la diabetes o revertir sus síntomas? ¿Quieres quemar más calorías en menos tiempo?

Es posible. Con plantas. En comparación con la carne, las plantas:

■ tienen menos calorías
■ más fibra
■ y menos grasas no saludables

Todos queremos mejorar nuestra salud, y la dieta a base de plantas es el camino indicado para lograr este objetivo y mantenerlo. Los estudios han revelado que los vegetarianos comen más magnesio, potasio, hierro, tiamina, riboflavina, folato y vitaminas que las personas que no son vegetarianas.

Con la alimentación basada en plantas se obtienen resultados muy distintos de los que se obtienen con las dietas basadas en alimentos procesados. En lugar de sentirte aletargado, con malestares estomacales y con predisposición para la obesidad y la diabetes, tendrás...

■ mucha energía
■ la panza contenta
■ menos acidez
■ equilibrio en tus niveles de azúcar
■ peso saludable
■ una sensación de alegría antes, durante y después de comer
■ mejor estado de ánimo

La ciencia ha comprobado los beneficios de las plantas para tu familia y para ti. Los vegetarianos tienen una vida más larga. Hay menos cáncer entre ellos. Tienen menos embolias. No sufren tanto de enfermedades cardiacas. ¡Los veganos además son delgados! Los beneficios de una dieta basada en plantas son numerosos: menor presión arterial, menos diabetes, menos asma y niveles más saludables de colesterol.

Diabetes Care, agosto de 2006, 29(8): 1777-1783. DOI: <http://dx.doi.org/10.2337/dc06-0606>. [PubMed].

[7]   D. Ornish, S. E. Brown, L. W. Scherwitz *et al.*, "Can Lifestyle Changes Reverse Coronary Heart Disease? The Lifestyle Heart Trial", *Lancet*, 21 de julio de 1990, 336(8708): 129-133. DOI: <http://dx.doi.org/10.1016/0140-6736(90)91656-U>. [PubMed].

Si te encanta comer y quieres un plan que te permita comer mucho sin sentir que te estás privando, las plantas son la opción. Si alguna vez has analizado las cantidades de calorías en la comida rápida, sabes entonces que contienen más de 1000 calorías por entrada. Demasiadas calorías para tan poca nutrición. Si lo cambiaras por una comida basada en plantas sería el equivalente a cinco platos enormes de ensalada, varios platos de fruta y seis aguacates. ¡Demasiado para una sola comida!

Las plantas simplemente te dan más.

DEJA DE COMER ALIMENTOS "FRANKENSTEIN". ELIGE ALIMENTOS REALES

Si ya conoces el Programa de 22 Días, probablemente habrás leído sobre los alimentos "Frankenstein". ¿Cuáles son? Igual que el monstruo original, los alimentos "Frankenstein" son el resultado de experimentos de laboratorio. Por ejemplo: los cereales cubiertos de azúcar; brillantes rebanadas de "carne" rosa; bebidas de medio litro o un litro saturadas de azúcar y aditivos… todos esos productos que deseas, que crees que se te antojan, que crees que te harán sentir mejor, realmente te harán sentir mal.

Hay demasiada gente adicta a la sensación crujiente de esos sabores falsos, ¿y cuál es el resultado? Algunas compañías se enriquecen desmedidamente, mientras sus clientes viven con sueño, sintiéndose enfermos, llenos y desanimados. Los alimentos procesados, fabricados en plantas industriales, nos hacen cada vez más daño. Hasta lastiman nuestro paladar. Lastiman nuestro cuerpo. En el corto plazo te hacen sentir náuseas o cansancio. En el largo plazo te pueden provocar enfermedades. Y si no logras deshacerte de tus demonios, con ejercicio y nuevos hábitos, esas enfermedades se vuelven permanentes y se convierten en asuntos de salud crónica que amenazan tu salud a largo plazo y tu vida.

¿Entonces, qué se puede hacer?

Ahora te toca cambiar lo falso por lo real, lo imaginario por lo ideal. Si bien con el Programa de 22 Días tú eliges tus propios menús y aprendes a equipar tu cocina para poder preparar las comidas más deliciosas y eficientes, también reconocerás el gran sabor de los verdaderos alimentos. Si llevas mucho tiempo consumiendo alimentos procesados en exceso, tu paladar estará acostumbrado a cosas insípidas, a sabores metálicos, excesivamente salados o dulces. ¡Tu sentido del gusto ha sido maltratado! Para recuperarlo tienes que ofrecerle opciones naturales como verduras crujientes, especias exquisitas, hierbas aromáticas y los sabores naturalmente salados de verduras cocidas con ajo y cebolla abundante…

Sentirás los cambios casi inmediatamente después de abandonar los alimentos "Frankenstein". Desaparecerá el sabor metálico de tu paladar Los altibajos del azúcar dejarán de existir. En cambio, disfrutarás alimentos verdaderos y dulces por naturaleza, verás un arcoíris real, probarás el verdadero sabor de los alimentos que te ofrecen salud y energía de verdad y te permiten lucir y sentirte mejor que nunca.

El Programa de 22 Días se basa en cosas reales y hace a un lado los productos falsos. Sus ingredientes no se hacen, se cultivan. Consiste en plantas, no en objetos fabricados en plantas. Olvídate de esos sabores y colores artificiales y empieza a consumir colores y sabores **reales**. El Programa de 22 Días ofrece una solución en tiempo real, para personas reales, que tú puedes realmente cumplir y seguir.

El Programa de 22 Días no tiene nada artificial. Los resultados son muy reales.

BUSCA ALIMENTOS QUE TE HAGAN SENTIR BIEN

Hay ciertos alimentos que nos dan consuelo. Por ello queremos ofrecer aquí nuevas posibilidades: alimentos que realmente te hacen sentir bien, que te hagan sentir verdaderamente satisfecho.

Todos queremos comer bien. Queremos alimentos deliciosos. Y todos nos acostumbramos a esos alimentos que nos dan felicidad, como esas galletas… esas hamburguesas… y esos enormes sándwiches *delicatessen* que en el largo plazo te hacen sentir peor.

De la lista de deseos y necesidades humanas, todos preferiremos siempre a la salud por encima de las enfermedades, a la energía sobre el cansancio, a bajar de peso antes que engordar, a mantener un peso estable en lugar de subir y bajar.

Sería una especie de paraíso, donde no te duele el estómago después de comer, donde no te arrepientes por lo que comes, donde no te sientes mal horas después de comer en exceso para luego hacer promesas vacías que nunca vas a cumplir. ¿No es lo que buscamos con los alimentos "reconfortantes"? Todos nos hemos consentido con grandes cantidades de los productos fritos y rellenos que más nos gustan, pero lo último que hacen es reconfortarnos.

En realidad nos hacen sentir peor.

Si consumes muchos productos procesados, si comes panes y granos que han perdido sus nutrientes, si comes carne criada con hormonas, carne enlatada o carnes frías cargadas de sodio y saborizantes, estás arriesgando tu salud. Tus niveles de energía no aumentan, se deprimen. Estás comiendo demasiada sal. No estás nutriéndote lo suficiente. Acabas por sacrificar todos los beneficios de un estilo de vida basado en las plantas. ¡Y no es nada reconfortante!

Al emprender tu camino con los 22 Días, probarás nuevos alimentos, vivirás sabores nuevos y también conocerás nuevas versiones de algunos platos clásicos que ya conoces. Con el tiempo cambiarán tus antojos y buscarás alimentos diferentes de los que buscas ahora… tal vez sea un cremoso aderezo de tahini, o el crujiente sabor de unas chips de col rizada con queso o el calor picante de nuestros garbanzos chana masala. Estamos hablando de consentirte de verdad con productos de verdad.

¡Te sorprenderás al descubrir que esto es muy sencillo! ¡Es muy fácil! No te estoy pidiendo que sacrifiques tu felicidad. Te estoy pidiendo que seas feliz. No te estoy pidiendo que dejes de disfrutar la vida. Te estoy enseñando a vivir bien en todos los niveles. Cuando comas alimentos basados en plantas, cuando sientas la energía que te dan, cuando dejes de sentirte **mal** por tus decisiones y te sientas **bien** por elegir alimentos que te hacen **bien**, verás que la vida cambia para **bien**. Podrás dejar de preocuparte por el resto de tu vida y empezarás a vivir lo mejor de tu vida.

En pocas palabras, no hay nada más reconfortante que la salud.

RECONOCER CUANDO ESTÁS SATISFECHO

En el largo plazo encontrarás más felicidad comiendo plantas y además te sentirás mejor cada día y en cada comida. El problema es que actualmente la gente come hasta llenarse demasiado. Comer en exceso una vez te provocará dolores de estómago, indigestión y agotamiento. Si lo haces en cada comida subirás de peso y padecerás todos los problemas que provocan esos kilos de más.

Al decir: "Ya me llené", recuperas una de las funciones más básicas y naturales de tu cuerpo. Esa función la tenías antes de ser bombardeado con todas las ideas sobre la alimentación y la comida que existen en el mundo. Piénsalo. Si has criado a un hijo, sabes que los niños no comen en exceso. No se retacan hasta provocarse dolores de panza. No comen cuando están aburridos o tristes o enojados. Comen cuando tienen hambre. ¡Y cuando tienen hambre, te lo dicen tal cual! No importa cuánta hambre tengan, cuando estén llenos dejarán de comer. Aunque la comida esté deliciosa. Aunque no se hayan terminado la comida.

Cuando su cuerpo está satisfecho los bebés dejan de desear la comida. Y por algún motivo, esto cambia cuando empezamos a crecer. Cuando los niños descubren los dulces, la mirada en sus ojos cambia y empiezan a desear más y más y más. De pronto dejan de escuchar a su cuerpo porque el azúcar ha superado a sus instintos naturales. Crecen un poco más y aprenden de los adultos que la comida es un premio, un destino, algo que nos dará consuelo cuando estemos tristes o asustados. El hambre deja de tener importancia y esa sensación natural de satisfacción que nos hace dejar de comer empieza a desaparecer. En cambio, hacemos nuevas asociaciones, y ya no comemos hasta dejar de tener hambre; simplemente comemos todo lo que queremos en el momento que queremos.

Cuando empezamos a envejecer empezamos a pagar la cuenta de nuestros malos hábitos. De pronto, las calorías extra, el azúcar extra y la falta de nutrientes empiezan a tener consecuencias. Si no retomamos nuestros hábitos naturales (dejar de comer cuando estamos llenos), nuestros nuevos hábitos (aflojarse el cinturón y comer sin sentido) nos llevarán a la obesidad, a la diabetes, a las enfermedades crónicas que evitaríamos si volviéramos a nuestros hábitos naturales.

Si eres alguien que come en exceso, el Programa de 22 Días te mostrará las virtudes de la mesura.

Si la comida es un resguardo emocional, 22 Días te hará sentirte **increíble** de nuevo.

Si llevas años en la montaña rusa del consumo excesivo de azúcar, 22 Días te hará recordar el delicioso sabor de las frutas, jugos y licuados dulces, y te enseñará a estabilizar tu humor y niveles de azúcar por medio del consumo de plantas.

Para alcanzar el éxito, invierte tu tiempo en comprar productos frescos, invierte tu energía en preparar comidas llenas de amor y salud para ti y para tu familia. Y deja de comer cuando estés lleno, es muy importante.

¿POR QUÉ INCLUÍ CONTEOS DE CALORÍAS EN ESTE LIBRO?

Si ya conoces el Programa de 22 Días, te darás cuenta de que en este libro he agregado conteos de calorías. Normalmente no los incluiría, porque quiero que la gente aprenda a reconocer cuando está llena en lugar de depender siempre de los números. En este caso, te estoy pidiendo que uses las matemáticas como una herramienta más que te ayudará a reconocer cuando estás lleno.

Hay demasiada gente que piensa que "estar lleno" es lo mismo que estar "a tope". ¡Estar lleno **no** es lo mismo que sentir que estás a punto de estallar! Es una satisfacción discreta que llega cuando tu cuerpo tiene suficiente energía para ese momento. Mi deseo es que al ver la cantidad de calorías, al consumir una cantidad apropiada de energía y percibir cómo se siente esa energía dentro de tu cuerpo, logres distinguir lo que *realmente* significa estar lleno.

Al principio, si estás acostumbrado a saturar tu sistema, es posible que te sientas lleno y aún quieras comer más. Como si todavía tuvieras hambre. Recomiendo esperar un momento. Esto requiere de un poco de tiempo. Tus sensores físicos no se van a modificar en una sola comida. Es como cuando vas manejando y se prende un foco de alerta en el tablero, aun cuando tú sabes que hay suficiente gasolina en el tanque y que acabas de inflar las llantas. A veces esa luz sirve para indicar que hay un problema con los sensores de tu auto, no con las llantas o el tanque de gasolina.

Si sigues comiendo cuando estás lleno, no es por un problema en tu tanque de gasolina. Tu sensor —tu manera de vivir esa sensación— necesita ajustarse de nuevo. Primero tienes que acostumbrarte a comer porciones más pequeñas con la cantidad de calorías que requiere tu cuerpo, y entonces tus sensores se ajustarán. Reconocerás lo que se siente estar lleno; aunque la verdad es que realmente no se siente gran cosa. Es una sensación silenciosa, y el conteo de calorías te ayudará a entender cuánta comida necesitas para aprender a sentirte satisfecho.

Esta toma de conciencia te servirá a lo largo de todo el camino. Si estás comenzando o ajustando tu sistema, o si quieres bajar 40, 20 o dos kilos, es importante y útil poner atención a lo que realmente estás sintiendo. Si al principio no lo sientes, no te preocupes, ¡haz cálculos! Usa los números para avanzar hacia tus objetivos.

Los conteos de calorías son una especie de maestro que te enseñará cómo se siente la energía en tu cuerpo y lo que esto te hace sentir. Además de usar los menús ajustables, es importante entender lo fácil que es calibrar tu consumo diario, simplemente comiendo menos en la noche si comiste mucho en la mañana, agregando un refrigerio cuando te falta energía o eliminando el postre si te comiste un refrigerio.

Con el tiempo, más allá de las calorías, empezarás a sentirte lleno después de comer en exceso. No importa que sepas cuántas calorías consumiste: si te excediste, lo sentirás, y ése es un primer triunfo.

SI LA COMIDA ESTÁ EQUILIBRADA, EL PESO TAMBIÉN SE EQUILIBRA

Una dieta balanceada incluye tres macronutrientes: carbohidratos, proteína y grasa, en cantidades adecuadas. De nada sirve escatimar en alguno u otro; tampoco ayuda consumirlos en exceso; el equilibrio es la mejor manera de maximizar los resultados. Ese balance tiene una proporción de 80-10-10. Los carbohidratos proporcionan la **mayoría** de tu nutrición y energía, mientras que **parte** de tu nutrición y energía viene de la proteína, y otra **parte** viene de la grasa: 80-10-10. (Varía de una persona a otra.)

80% carbohidratos
10% proteína
10% grasa

CARBOHIDRATOS

Tienen altas cantidades de fibra y le dan energía a tu cuerpo, incluyendo (y especialmente) a tu cerebro. Los carbohidratos conformarán 80% de tu consumo diario de alimentos. Al procesar los carbohidratos se obtiene glucosa, que tu cuerpo entero usa como fuente de energía.

Las frutas, verduras, granos y legumbres serán tus fuentes de carbohidratos (evita sus versiones simples y menos saludables, como la pizza, el pastel y cualquier cosa fabricada con harina blanca).

PROTEÍNA

Las plantas te ofrecen toda la proteína que necesitas, incluso si eres un atleta. La proteína construye músculo y ayuda a reparar tejidos… Todas las células de tu cuerpo dependen de la proteína que consumes para obtener aminoácidos, la materia prima de las proteínas. Tu cuerpo es capaz de producir algunos aminoácidos, pero no todos; los llamados "aminoácidos esenciales" los encontrarás en la quinoa, las nueces, las semillas y en ciertas combinaciones de granos y legumbres. Arroz con frijoles, maíz con frijoles, arroz con lentejas; estas combinaciones te ofrecen la proteína que necesitas para vivir y prosperar.

GRASA

Existen varios tipos de grasas, y algunas son exactamente lo que tu cuerpo necesita para estar saludable. Cuando hablamos de grasas, nos referimos a las grasas insaturadas: piensa en grasas monoinsaturadas, poliinsaturadas o en ácidos grasos omega 3. Las recetas de este libro contienen todas ellas. Estaremos excluyendo las grasas saturadas y las grasas trans, y así evitaremos los problemas de salud que acarrean.

Recuerda: es mejor evitar los alimentos que contienen grasas trans (como la margarina y las botanas procesadas). También es importante evitar alimentos que contienen grasas saturadas (como la carne, la manteca y la mantequilla) o limitar su consumo en el caso de las grasas saturadas que están presentes en ciertas plantas.

Para nuestra *Revolución de los 22 días*, nosotros hacemos menús balanceados y tú compras los productos para preparar tus comidas. Come tranquilo sabiendo que tus platos ofrecen una proporción equilibrada de nutrientes, con la cantidad correcta de grasas, carbohidratos y proteínas, además de todas las vitaminas, minerales y fitonutrientes que tu cuerpo necesita.

CONSTRUYE TU PROPIO PROGRAMA DE 22 DÍAS

¿CUÁL ES EL PROGRAMA IDEAL PARA TI?

La revolución de los 22 días. El recetario ofrece cuatro nuevos programas que puedes personalizar: dos para bajar de peso y dos para mantener o construir músculo. Todos los planes tienen menús flexibles que se ajustan a tu forma de comer y ofrecen un balance de 80% de carbohidratos, 10% de proteína y 10% de grasa.

Los programas están hechos para adaptarse a tus necesidades. No vivimos en un mundo unitalla. Todos tenemos horarios diferentes y nuestra propia manera de hacer las cosas. Los programas que tratan de imponer un régimen estricto duran poco tiempo. Es imposible que un programa pueda durar si no toma en cuenta tus necesidades, porque finalmente **tú** haces que el programa funcione. Tú eres la energía que impulsa a la máquina. Tú eres la luz que ilumina el camino de tu transformación.

Por supuesto, todos necesitamos apoyo, y ese apoyo debe corresponder a nuestras necesidades.

Es una situación que veo con cierta frecuencia. He escuchado muchas historias de personas que, antes de encontrar el Programa de 22 Días, probaron distintos programas y fracasaron, una y otra vez. Típicamente, estas personas inician un programa porque creen que es superior, porque ven alguna diferencia con otros programas, que tiene algo poderoso, y quieren conocerlo. Pero las buenas sensaciones, las esperanzas y los esfuerzos desaparecen cuando los programas son demasiado difíciles, o no son compatibles con la vida de quienes viven en el mundo real.

Ésa es la ventaja de los 22 Días. Aquí, tú tienes el control.

Con cada programa encontrarás bienestar en la comida. También te acostumbrarás a las porciones y las comidas a base de plantas y tu cuerpo aprenderá a reconocer cuando está suficientemente lleno.

Para convertir los cambios pequeños en hábitos de vida, es fundamental elegir el programa correcto.

NUESTROS PROGRAMAS FLEXIBLES

Para saber dónde iniciar debes saber lo que buscas. Si quieres deshacerte de mucho peso, entonces comienza con el programa **Vía rápida**. El programa **Ligero y radiante** es para perder esos últimos kilos que se resisten o para cualquier persona que quiera reiniciar rápidamente su sistema. **Nirvana** es un programa de mantenimiento y para llevar una vida diaria saludable. **Ventaja deportiva** es un menú de entrenamiento para el corto plazo.

VÍA RÁPIDA ▶ Este programa es para bajar de peso rápidamente y reiniciar tu sistema de raíz. El programa **Vía rápida** te ayudará a usar los beneficios de las plantas para cuidar y nutrir tu cuerpo mientras quemas grasa y construyes músculo mediante el ejercicio.

- Si tienes que bajar entre cinco y 20 kilos.
- Si estás harto de probar dietas que no funcionan en el largo plazo.
- Si tienes grandes objetivos y estás listo para conseguirlos.
- Si vas a asistir una boda, graduación, evento de etiqueta o a una alfombra roja.

El programa **Vía rápida** te ayudará a perder peso en poco tiempo. Cuando logres tus objetivos con el programa **Vía rápida**, entonces estarás listo para el programa **Ligero y radiante**.

LIGERO Y RADIANTE ▶ Si quieres tratar de bajar hasta cinco kilos, prueba el programa **Ligero y radiante**, que te ayudará a perder peso mientras revoluciona tus niveles de energía y tu vitalidad. El programa **Ligero y radiante** es tu plan para bajar de peso y para comenzar de nuevo. Este programa es para ti si:

- Estás comenzando con los 22 Días y sólo te faltan cinco kilos para lograr tu objetivo.
- Ya has bajado de peso con los 22 Días y estás listo para el siguiente paso.
- Recién terminaste el programa **Vía rápida**.
- Quieres comenzar de nuevo.

El programa **Ligero y radiante** te ayudará deshacerte de esos últimos kilos que se resisten. Cuando alcances tus objetivos con **Ligero y radiante**, entonces estás listo para comenzar el programa **Nirvana**.

NIRVANA ▶ ¡Éste es el mejor momento de tu vida! Ahora que estás (bastante) contento con tu peso, es importante mantenerlo. No hay motivo para abandonar el Nirvana. **Nirvana** es tu plan de mantenimiento, para que te sigas sintiendo increíble y sigas haciendo lo que te trajo a este punto: comer plantas. Estás listo para el programa **Nirvana** si:

- Ya completaste los 22 días y bajaste de peso como querías.
- Buscas mantener tu peso actual y obtener todos los beneficios de las plantas.
- Buscas transitar hacia un menú basado en plantas.
- No necesitas bajar de peso pero te gustaría aumentar tu conciencia y estar más alerta.

El plan **Nirvana** es un plan de mantenimiento y bienestar. Está diseñado para ser sostenible. Si ya lograste tus objetivos y quieres mantenerlos, entonces el programa **Nirvana** te seguirá ofreciendo platos a base de plantas para que puedas comer bien, vivir bien y estar bien. Si estás en tu punto más sano, o si estás muy cerca de lograrlo y quieres probar tu condición física con un evento de resistencia, entonces usa el programa **Ventaja deportiva** mientras dure tu entrenamiento.

VENTAJA DEPORTIVA ▶ Estás cerca de lograr tus objetivos y quieres probar el reto de una carrera de 10 kilómetros o un triatlón. O tal vez seas un atleta que ha escuchado hablar de las ventajas de comer plantas mientras haces alpinismo, ciclismo, atletismo o cualquier competencia. Nuestro menú de entrenamiento ofrece la energía extra para los momentos culminantes, cuando vas a cruzar la meta, llegar a la cumbre o alcanzar la orilla del horizonte. El programa **Ventaja deportiva** es el menú de entrenamiento para aquellas personas que participan en pruebas atléticas largas o de alta intensidad y necesitan la energía de carbohidratos extras y proteínas extras para reparar sus músculos. Estás listo para el programa **Ventaja deportiva** si:

- Estás en tu peso ideal o cerca de lograrlo, y estás entrenando para un evento.

- Eres un atleta y tienes curiosidad por conocer las ventajas de alimentarte a base de plantas.
- Ya eres veloz y quieres ser más veloz.

El programa **Ventaja deportiva** es un menú de corto plazo exclusivo para atletas. Úsalo si tu meta es mejorar tu **resistencia**, pero no es para **bajar de peso**. Cuando termines tu evento, regresa al programa **Nirvana**.

REINICIA TU ORGANISMO

Me encanta la idea de comenzar de nuevo. Por supuesto, en un mundo ideal todos comeríamos de manera perfecta todos los días. Pero el mundo verdadero no funciona así. Si has perdido el rumbo, reinicia tu organismo para recuperar tu camino. A veces nuestras intenciones son buenas, pero eso no impide que a veces tropecemos, que perdamos el camino o que perdamos el ritmo. El reinicio es una oportunidad para estudiar tus hábitos y analizar las sensaciones de tu cuerpo después de comer y de considerar los alimentos que has estado ingiriendo. Cuando comienzas de nuevo, vuelves a estar consciente y alerta, retomas el camino.

CÓMO USAR LOS PROGRAMAS

En cada programa consumirás tres comidas al día con un postre o refrigerio, en algunos casos. Usa las directrices de cada programa para elegir tus comidas, que están separadas en dos categorías: LIGERA o INDULGENTE. Es posible combinar recetas y así poder comer según tu estado de ánimo. Los desayunos, refrigerios, comidas y postres ligeros contienen menos calorías y servirán para alcanzar el peso que buscas. En cambio, las opciones indulgentes están más cargadas de nutrientes y son más abundantes. La siguiente descripción demuestra la cantidad de calorías que encontrarás en cada categoría:

LIGERO

- Desayuno: > 400 calorías
- Comida: > 300 calorías
- Cena: > 300 calorías
- Refrigerio: > 150 calorías
- Postre: ≥ 150 calorías

INDULGENTE

- Desayuno: < 400 calorías
- Comida: ≤ 300 calorías
- Cena: ≤ 300 calorías
- Refrigerio: ≤ 150 calorías
- Postre: < 150 calorías

Durante cada semana del Programa de 22 Días, come de acuerdo con los siguientes planes de alimentación y elige tus comidas de alguna de las dos categorías. Tú decides cómo organizar los días a lo largo de la semana. Estos programas están diseñados para ajustarse a tus objetivos personales y funcionan como guía precisa. Si prefieres, combínalos para que se ajusten a tu estilo de vida.

Dentro de los cuatro programas —**Vía rápida**, **Nirvana**, **Ligero y radiante**, y **Ventaja deportiva**— hay una combinación de sugerencias de comidas ligeras e indulgentes para una cantidad particular de días de la semana. Todas las recetas están ordenadas por categorías —desayuno, comida, cena, refrigerios y postres— y están clasificadas por colores: verde para las comidas ligeras y naranja para las indulgentes. Usa los colores como guía para elegir una combinación de comidas ligeras e indulgentes para poder cumplir con los criterios recomendados de cada programa. El sistema está diseñado para permitir cierta flexibilidad, ahorrar tiempo y ayudarte a mantener el rumbo hacia tus objetivos.

VÍA RÁPIDA ▶

Úsalo si ya conoces el Programa de 22 Días y quieres seguirlo un poco más para perder más kilos, o si acabas de conocer el programa y quieres empezar de una vez. El programa **Vía rápida** está diseñado para que puedas maximizar los beneficios de tus comidas y al mismo tiempo bajar de peso en poco tiempo. Los alimentos a base de plantas son poderosos, están llenos de nutrientes y ofrecen múltiples beneficios para tu cuerpo, tus órganos, tus músculos y tu piel; si llevas una alimentación a base de plantas durante 22 días, tu relación con tu cuerpo y con tu comida cambiará y podrás ver y sentir el cambio.

En cada semana de tu Programa de 22 Días, organízate de acuerdo al siguiente plan de alimentación y elige tus comidas a partir de las categorías **Nivel 1: Ligero** o **Nivel 2: Indulgente**.

- 3 días por semana: elige desayuno, comida y cena Nivel 1. Sin refrigerio.
- 2 días por semana: elige desayuno y cena Nivel 1 y una opción más abundante del Nivel 2 para la comida. Sin refrigerio.
- 2 días por semana: elige desayuno y comida Nivel 2 y una opción del Nivel 1 para la cena y el refrigerio o postre.

DÍAS	NIVEL DE DESAYUNO	NIVEL DE COMIDA	NIVEL DE CENA	NIVEL DE POSTRE O REFRIGERIO
3	LIGERO	LIGERO	LIGERO	X
2	LIGERO	INDULGENTE	LIGERO	X
2	INDULGENTE	INDULGENTE	LIGERO	LIGERO

LIGERO Y RADIANTE ▶

Tal vez acabas de conocer el programa y sólo quieres perder unos kilos… o has usado el Programa de 22 Días y estás listo para probar nuevos sabores. El programa Ligero y radiante es para las personas que quieren maximizar su nutrición y su satisfacción, y quieren los alimentos y refrigerios más ricos mientras obtienen todos los beneficios que la alimentación a base de plantas ofrece para la salud, desde bajar de peso a maximizar la energía, hasta mejorar la salud cardiaca y reducir el riesgo de diabetes y otras enfermedades.

En cada semana de tu Programa de 22 Días, organízate de acuerdo al siguiente plan de alimentación y elige tus comidas a partir de las categorías Nivel 1: Ligero o Nivel 2: Indulgente.

- 3 días por semana: elige desayuno y cena Nivel 1 y una opción más abundante del Nivel 2 para la comida. Sin refrigerio.
- 2 días por semana: elige desayuno y comida Nivel 2 y una opción del Nivel 1 para la cena y el refrigerio o postre.
- 2 días por semana: elige desayuno, comida y cena Nivel 2, y una opción del Nivel 2 para la cena y el refrigerio o postre.

DÍAS	NIVEL DE DESAYUNO	NIVEL DE COMIDA	NIVEL DE CENA	NIVEL DE POSTRE O REFRIGERIO
3	LIGERO	INDULGENTE	LIGERO	X
2	INDULGENTE	INDULGENTE	LIGERO	LIGERO
2	INDULGENTE	INDULGENTE	INDULGENTE	INDULGENTE

NIRVANA ▶

Usa el ejercicio para afinar tu cuerpo y mantenerte concentrado y usa las comidas hechas a base de plantas para afinar tu nutrición. Este programa de mantenimiento está diseñado para mantener la salud y equilibrar la relación entre tu comida y tu cuerpo, y para que puedas disfrutar de la comida, de tu cuerpo sano y de tu vida, todos los días.

En cada semana de tu Programa de 22 Días, organízate de acuerdo al siguiente plan de alimentación y elige tus comidas a partir de las categorías Nivel 1: Ligero o Nivel 2: Indulgente.

- 5 días por semana: elige desayuno y comida Nivel 2 y una opción del Nivel 1 para la cena y el refrigerio o postre.
- 2 días por semana: elige desayuno Nivel 1 y una opción del Nivel 2 para la comida y la cena. Disfruta un refrigerio o postre Nivel 2.

DÍAS	NIVEL DE DESAYUNO	NIVEL DE COMIDA	NIVEL DE CENA	NIVEL DE POSTRE O REFRIGERIO
5	INDULGENTE	INDULGENTE	LIGERO	LIGERO
2	LIGERO	INDULGENTE	INDULGENTE	INDULGENTE

VENTAJA DEPORTIVA ▶

Sí, los atletas también pueden prosperar con una dieta a base de plantas. Yo llevo una alimentación a base de plantas y siempre estoy buscando nuevas metas y nuevos ejercicios para mis clientes. Los músculos están compuestos de proteína, los carbohidratos y grasas ofrecen energía, y la alimentación a base de plantas tiene todo lo que necesitas, en cantidades abundantes. ¿Estás entrenando para una carrera de 10 kilómetros, un maratón o algo aún más demandante? Tenemos opciones para ti. ¿Estás acumulando carbohidratos antes de tu gran carrera? No hay problema. El menú de entrenamiento tiene lo que necesitas cuando tienes caminos que conquistar, mares que cruzar, trayectos ciclistas que completar o rutas que superar, y no importa cuántos kilómetros te falten para terminar.

En cada semana de tu Programa de 22 Días, organízate de acuerdo al siguiente plan de alimentación y elige tus comidas a partir de las categorías Nivel 1: Ligero o Nivel 2: Indulgente.

- 5 días por semana: elige desayuno, comida y cena Nivel 2. Disfruta una opción Nivel 2 para el refrigerio o postre.
- 2 días por semana: elige desayuno y comida Nivel 2 y una opción Nivel 1 para la cena. Disfruta un refrigerio o postre Nivel 1.

DÍAS	NIVEL DE DESAYUNO	NIVEL DE COMIDA	NIVEL DE CENA	NIVEL DE POSTRE O REFRIGERIO
5	INDULGENTE	INDULGENTE	INDULGENTE	INDULGENTE
2	INDULGENTE	INDULGENTE	LIGERO	LIGERO

PREPÁRATE PARA TRIUNFAR

Llena tu despensa, escribe tu lista de compras, prepara tu cocina

DE LA GRANJA A LA DESPENSA

Actualmente se habla mucho sobre el camino de los alimentos que van de la granja a la mesa; es imposible leer una revista de alimentos o hacer una reservación en un restaurante sin escuchar estas palabras. Alimentarse de productos que llegan de la granja a la mesa —o de la hortaliza a la mesa, o del mercado a la mesa— comienza mucho antes de que te sientes a comer. Todo empieza en tu cocina y en tu despensa.

Prepara tu espacio de cocina para que te ayude a hacer los pequeños cambios que conducirán a una gran transformación, es el primer paso para que puedas convertir tu deseo de una vida más saludable en realidad. Vamos a limpiar tu cocina, y no me refiero a lavar el piso (pero si está sucio, hazlo). Me refiero a eliminar los alimentos que no son saludables. Entre más pronto los saques de tu casa, más pronto dejarás de sufrir tentaciones. Si llenas tus estantes con opciones sanas, será más fácil tomar decisiones sanas.

ELIMINAR

Deshazte de todos los alimentos procesados. Tira los alimentos que están llenos de azúcar. Yo sé que sabes lo que estoy diciendo y a qué me refiero. Hazlo y ya. La masa de galletas que tienes el refrigerador, las galletas de la alacena, esa vieja mortadela, todo tiene que irse.

Todo lo que tenga **azúcar agregada, jarabe de maíz, endulzantes artificales, harina blanca, productos lácteos, huevos** o **carne,** tiene que salir de tu cocina.

COMPRAR

Después de limpiar, el siguiente paso es ir de compras y llenar tu alacena del tipo de comida que se te antojará porque te hará sentir bien.

Compra productos orgánicos: fruta y verdura fresca.

Compra ingredientes sanos como granos y cereales orgánicos, como nueces y semillas. Remplaza esa azucarada mantequilla de cacahuate con una fresca mantequilla de almendras. Compra salsa de jitomate sin azúcar. Haz lo mismo con los aderezos.

Hemos incluido una lista para ayudarte, y sería ideal que vayas al mercado semanalmente para tener siempre los productos más frescos para tus menús. Recuerda que no debes ir de compras si tienes hambre: ¡come algo antes de salir! El que hambre tiene en pan piensa. Y puedes ser espléndido en tus compras. Si hay una fruta que quieres probar, pruébala. Si hay un nuevo tipo de verdura, cómprala primero y luego averigua cómo cocinarla. Prueba cosas nuevas. ¡Pruébalo todo! Tu nuevo alimento favorito podría estar en la sección de frutas y verduras…

POR QUÉ PREFIERO LA COMIDA ORGÁNICA

Me alimento de productos orgánicos porque sé que en la agricultura tradicional se usan más de 400 pesticidas distintos. ¡Y los pesticidas hacen daño! Qué locura que algunos consumimos frutas y verduras para mejorar nuestra salud sin saber que el cultivo de esos productos nos puede hacer daño. Si evitas los alimentos que contienen muchos pesticidas, reduces el riesgo de algunas enfermedades. Entre ellas están el mal de Alzheimer y el de Parkinson, condiciones muy serias que nos afligen hoy. Cuando compro mi comida, busco productos orgánicos que no sufrieron modificaciones genéticas para asegurarme de que mi familia reciba lo mejor que hay.

Según la definición legal, los alimentos orgánicos se cultivan sin usar pesticidas ni herbicidas artificiales, y sin organismos genéticamente modificados ni fertilizantes sintéticos. Así puedo estar seguro de recibir más de lo que quiero: nutrición, y menos de lo que no deseo: veneno.

FORTALECE TU DESPENSA BÁSICA

Si los productos de tu despensa son buenos, será mucho más fácil preparar tus alimentos, especialmente cuando te falte tiempo.

- **LEGUMBRES:** Los estudios revelan que agregar al menos media taza de legumbres cocidas a los alimentos seis veces por semana reduce el riesgo de diabetes tipo 2, de enfermedades cardiovasculares y de varios tipos de cáncer.

  Si tienes tiempo, es conveniente cocinar tus propios frijoles, pero cuando tienes prisa, ayuda tener una caja de frijoles cocidos o latas sin BPA a la mano. Es más fácil preparar alimentos cuando cuentas con ambas opciones, frijol seco o enlatado.

  Las legumbres son una fuente superior de proteína.
  - frijol adzuki (1 tasa cocida equivale a 17 gramos de proteína)
  - frijol negro (1 taza equivale a 15.2 gramos de proteína)
  - garbanzo (1 taza equivale a 14.5 gramos de proteína)
  - frijol blanco del norte (1 taza equivale a 14.7 gramos de proteína)
  - frijol cannellini (1 taza equivale a 17.4 gramos de proteína)
  - lenteja partida (contiene 16.4 gramos de proteína)
  - lenteja (1 taza equivale a 17.9 gramos de proteína)

- **NUECES:** almendras, nueces de la India, cacahuates, nueces pecanas, piñones, pistaches y nueces de Castilla

- **CEREALES:** arroz integral, mijo, avena

- **GRANOS** (*de uso frecuente en este libro*): quinoa, chía (y chía molida), linaza (y harina de linaza), cáñamo, pepitas y ajonjolí

- **MANTEQUILLAS DE NUECES:** de almendras, de nueces de la India, pecanas, pistaches, nueces de Castilla

- **FRUTAS CONGELADAS:** plátano, zarzamora, mora azul, mango, piña, frambuesa, fresa (nos gusta comprar frutas frescas y orgánicas, pero lo que no logramos consumir antes de que termine la semana, lo congelamos)

- **FRUTA SECA:** arándano, dátil, baya de goji, uchuva

- **ALIMENTOS CONGELADOS:** verduras, frutas, coco rallado

- **HIERBAS SECAS Y ESPECIAS:** abastecerte de hierbas secas y especias te ayudará cuando prepares tus alimentos. Procura tener los siguientes ingredientes a la mano: albahaca, pimienta de Cayena, chile en polvo, canela (molida), cilantro (molido), comino (molido), curry en polvo, eneldo, ajo en polvo, jengibre (molido), nuez moscada, cebolla molida, hojas de orégano, paprika, perejil seco, pimienta roja (seca y molida), romero, paprika ahumada, tomillo, cúrcuma (en polvo)

- **SALSAS, SAZONADORES Y CONDIMENTOS:** éstos son algunos de los que más nos gustan y que usamos con frecuencia en nuestras recetas. Agrega también tus sazonadores favoritos e inclúyelos en tu comida: vinagre de sidra de manzana, vinagre balsámico, vinagre de coco, vinagre de arroz integral, salsa BBQ y cátsup (aunque también tenemos nuestra propia versión casera), mostaza de Dijon, levadura nutricional, aceitunas, sal de mar, aminos de coco, puré de jitomate

- **ENDULZANTES LÍQUIDOS:** puré de manzana (sin endulzar), azúcar de palma, miel de maple pura, agua de coco

- **HARINAS PARA REPOSTERÍA Y PARA COCINAR, Y OTROS INGREDIENTES ESENCIALES:** harina de almendras, harina de mijo, harina de arrurruz, chispas de chocolate, cacao en polvo, harina de avena, harina de quinoa, harina de arroz integral, extracto puro de vainilla, harina de tapioca, semillas de chía molidas, linaza molida, levadura en polvo, polvo para hornear, bicarbonato

LA IMPORTANCIA DE ESTAR PREPARADO

Si te preparas por adelantado reducirás el estrés de estar en la cocina y contarás con una estrategia muy efectiva para mantener una dieta saludable. Procura organizar tus comidas de desde varios días o incluso una semana antes, y considera preparar suficiente para que sobre. Así puedes pensar en cómo usar los sobrantes y reducir la cantidad de comida que desperdicias. ¿Sabías que el estadounidense promedio tira cerca del 25% de los alimentos y bebidas que compra? ¡Si te organizas de antemano reducirás drásticamente la cantidad de desperdicio!

Algunas recetas sencillas que puedes considerar para la semana incluyen verduras al horno, cereal, granola, queso de nueces de la India, aderezos, carne de nueces de Castilla, quinoa, arroz integral y frijoles, y te ahorrarán mucho tiempo en la cocina. Por ejemplo, es buena idea guardar pan dulce en el congelador y recalentarlo algún día que necesites un desayuno rápido. Compleméntalo con queso de nueces de la India o mantequilla de algún tipo de nueces. O congela hamburguesas para hornearlas en otro momento y disfrutarlas con una combinación de verduras o rebanadas de aguacate y jitomate. Otro consejo importante: realmente ayuda contar con frutas y verduras prelavadas. Hay algunas frutas que no debes lavar hasta que vayas a consumirlas, como las moras, porque se echan a perder fácilmente, pero lava el resto de las frutas y verduras antes de guardarlas en el refrigerador.

Simplemente recuerda que para lograr tus metas personales debes tener un plan estratégico, ¡y así estarás en camino a llegar a ser tu mejor versión!

RECETAS PARA LA REVOLUCIÓN DE 22 DÍAS

AUNQUE PIENSES que lo que te encanta son la carne y los lácteos, comer plantas también te encantará. En cuanto tomes el primer paso, sentirás los beneficios de inmediato. Cuando comes bien, te sientes mejor contigo mismo. Hay cierta fortaleza que llega cuando comes mejor. Te sientes mejor y te ves mejor.

La alimentación a base de plantas mejora tu salud y tu bienestar, y lo verás en todos los aspectos de tu vida. Cuando te sientes bien, tu cuerpo irradia la energía de una nutrición y una dieta basada en plantas. Entonces todo se vuelve más fácil.

Cuando desarrollas el hábito de comer plantas cuentas con la energía para enfrentar la vida; la energía para vivir una vida de gentileza, amabilidad y compasión, y para tomar las decisiones correctas con el fin de que puedas maximizar tu salud, por dentro y por fuera.

DESAYUNO

EL DESAYUNO NO ES la comida más importante del día. Es la **primera** comida más importante del día. Todos sabemos que el desayuno es importante porque lo hemos escuchado tantas veces. Pero por algún motivo es lo primero que sacrificamos cuando entramos en la prisa de nuestros horarios. Para mi familia y para mí, el desayuno es un momento para celebrar un nuevo día juntos. A mi esposa y a mí nos encanta el desayuno y tomamos turnos para prepararlo. Nuestros hijos siempre se levantan temprano y se ofrecen para probar nuestras creaciones. En nuestra casa el desayuno es muy divertido.

Mis recetas favoritas para el desayuno son quinoa de desayuno con plátano y mantequilla de almendras y bruschetta de aguacate y jitomate, porque me brindan la energía para iniciar mi día y marcan la pauta para la comida y la cena.

La gran diferencia entre un licuado y un jugo es la cantidad de fibra que consumes. Los licuados conservan la pulpa de las frutas y verduras y te llenarán de vitaminas; te harán sentir lleno durante más tiempo.

Los jugos son muy buenos para sanar, renovar y reconstruir tu sistema inmune, y a la vez te ayudan a purificar y nutrir tu cuerpo de antioxidantes, enzimas, vitaminas y minerales. También son una buena manera de aumentar tus porciones diarias de frutas y verduras.

Las vitaminas y minerales que brindan los jugos se absorben más fácilmente cuando el estómago está vacío; por ello, comenzar tu día con un jugo fresco te ayuda a maximizar los beneficios nutricionales.

Para que el pan sea fácil de manejar y esté lleno de sabor, permite que se enfríe completamente, almacénalo (durante la noche) sin cortarlo en un contenedor hermético antes de cortarlo. Además de intensificar los sabores de panes dulces y salados, lograrás que la corteza se suavice y será más fácil de cortar sin que el pan se desmorone.

Si buscas opciones sin nueces, sustituye la harina de almendras con harina de avena o arroz integral. Puedes cambiar casi todas las nueces de las recetas por granos o con más harina. Esto cambiará el sabor y la consistencia, pero en general sigue siendo delicioso.

Además de ser fáciles y rápidas de preparar, las recetas de esta sección serán gratificantes y te dejarán satisfecho. Cuidar tu cuerpo y bajar de peso no implica privarse de sabor y dejar los alimentos deliciosos. Implica obtener la nutrición que realmente necesitas con alimentos saludables que son a la vez deliciosos y divertidos.

Hemos incluido opciones fáciles del Nivel 1: Ligero, como superlicuados y jugos que te darán desayunos rápidos y deliciosos para llevar cuando tengas prisa; ¡a tus hijos les encantarán! Esta sección también tiene desayunos más abundantes en el Nivel 2: Indulgente, que puedes usar como almuerzos exquisitos y comidas relajadas de fin de semana.

Hacer un esfuerzo para alimentarte a ti y a tu familia con un desayuno tiene grandes recompensas, incluso cuando empiezas el día con prisa, porque empezar la mañana con una comida saludable te dará la energía que necesitarás para el resto de tu ocupado y maravilloso día.

NIVEL 1:

DESAYUNO LIGERO

(MENOS DE 400 CALORÍAS)

Te sorprenderá saber cuántas opciones ligeras existen para el desayuno, desde el dulce y delicioso pan de manzana y canela o los muffins de limón y chía hasta algunos de mis licuados favoritos y llenadores, como el licuado de moras, mango y cáñamo.

Los licuados y los jugos son una manera sencilla y divertida de agregar verduras y antioxidantes a tu dieta. Diviértete con combinaciones diferentes e invita a tus hijos a experimentar contigo. Prepara jugos y licuados en casa cuando desees una bebida llena de nutrientes en la mañana o a cualquier hora. Cuando sea posible, evita los licuados comerciales, que suelen estar cargados de azúcar y no ofrecen nutrición.

Pan de plátano   49

Pan de manzana y canela   51

Minimuffins de zanahoria y nuez   55

Pan de calabacita   56

Pan de calabaza con glaseado   59

Muffins de limón y chía   61

Hot cakes multigrano con moras y crema de coco batida   64

Pan con nueces y semillas   67

Pan de semillas y granos enteros   69

Barras de granola con fruta y nueces   73

Granola   74

Poderoso tazón de açaí   77

Pudín de vainilla, moras y chía   78

Bruschetta de aguacate y jitomate   81

Latkes de papa   82

Ensalada de desayuno con moras y espinacas   85

Licuado de mora, mango y cáñamo   86

Licuado tropical para el sistema inmune   89

Licuado proteínico de fresa   90

Fácil digestión   93

Jugo verde purificador   94

Despertador de metabolismo   97

Golpe de proteínas   98

Jugo radiante de betabel   101

Jugo para reiniciar   102

Jugo para rejuvenecer   105

PAN DE PLÁTANO

▶ **SIN ACEITE** ▶ **SIN AZÚCAR REFINADA**

TIEMPO DE PREPARACIÓN: 10 min
TIEMPO DE COCCIÓN: 50 min
TIEMPO TOTAL: 60 min

RINDE APROXIMADAMENTE 12 REBANADAS

Mi mamá siempre tenía pan cubano fresco en casa y, naturalmente, crecí comiendo mucho pan, pero desafortunadamente no del mejor tipo. Dejé de comer casi todos los tipos de pan comercial hace muchos años por los terribles ingredientes que llevan, pero eso no quiere decir que ya no disfrute el pan. Mi esposa, Marilyn, ha creado montones de recetas increíbles, pero ésta es una de mis favoritas. Es un pan de plátano que te llenará y al mismo tiempo será delicioso, y está hecho sólo con ingredientes saludables.

INGREDIENTES:

1 plátano maduro, machacado

$3/4$ de taza de leche endulzada de almendras y vainilla

5 cucharadas de miel de maple

2 cucharadas de puré de manzana

1 cucharadita de extracto de vainilla

$1/2$ cucharadita de vinagre de sidra de manzana

$1/2$ taza de harina de arroz integral

$1/2$ taza de harina de avena

$1/2$ taza de harina de tapioca o de arrurruz

$1/2$ taza de harina de almendras

1 cucharada de linaza molida

1 cucharada de semilla de chía molida

2 cucharaditas de polvo para hornear

$1/2$ cucharadita de bicarbonato

1 cucharadita de canela molida

$1/4$ de taza de nueces de Castilla, picadas

PREPARACIÓN:

1. Precalienta el horno a 180 °C. Engrasa un molde de pan (20 × 10 cm) o cubre el interior con papel para hornear.

2. En un recipiente mezcla el plátano machacado con el resto de los ingredientes húmedos y deja a un lado.

3. En otro recipiente bate todos los ingredientes secos, excepto las nueces de Castilla.

4. Vierte los ingredientes húmedos sobre los secos y revuélvelos hasta combinarlos bien. Agrega las nueces picadas.

5. Vierte la mezcla en el molde de pan. Hornea durante 50 minutos o hasta que puedas hacer la prueba del palillo (insertar un palillo en el centro del pan y extraerlo completamente limpio). Saca el pan del horno y déjalo enfriar un poco antes de transferirlo a una parrilla de alambre. Cuando esté completamente frío, ¡rebana y sirve!

Continúa la receta

5. Vierte la mezcla en el molde de pan. Hornea durante 50 minutos o hasta que puedas hacer la prueba del palillo (insertar un palillo en el centro del pan y extraerlo completamente limpio). Saca el pan del horno y deja que se enfríe antes de transferirlo a una parrilla de alambre. Cuando se enfríe completamente (mínimo demora una hora), ¡rebana y sirve!

CONSEJO: Almacena los sobrantes a temperatura ambiente en un contenedor hermético durante algunos días, en el refrigerador hasta una semana o en el congelador, dentro de bolsas para congelador con papel para hornear, durante algunos meses.

NOTA: Al igual que otros panes rápidos, enfría completamente para evitar que se desmorone el pan. Para que el pan esté en su punto ideal, envuélvelo cuando se enfríe en plástico o guárdalo en un contenedor hermético durante varias horas o incluso toda la noche. Los panes rápidos saben mejor y se rebanan más fácilmente un día después de hornearlos.

POR PORCIÓN: 150 calorías, 3 gramos de proteína, 26 gramos de carbohidratos, 5 gramos de grasa total

MINIMUFFINS DE ZANAHORIA Y NUEZ

▶ **SIN ACEITE** ▶ **SIN AZÚCAR REFINADA**

TIEMPO DE PREPARACIÓN: 10 min

TIEMPO DE COCCIÓN: 22 min

TIEMPO TOTAL: 32 min

RINDE APROXIMADAMENTE 24 MUFFINS

Nos encanta hacer muffins, y éstos son los favoritos de mis hijos. Son ligeros y esponjosos y tienen todas las vitaminas, minerales y fitonutrientes de las nueces y la zanahoria. Son ideales para desayunar o como refrigerio en cualquier momento del día.

INGREDIENTES:

$3/4$ de taza de leche de almendras sin endulzar

$1/2$ taza de miel de maple

2 cucharadas de puré de manzana

$1/2$ cucharadita de extracto de vainilla

$1/2$ cucharadita de vinagre de sidra de manzana

$3/4$ de taza de harina de arroz integral

$3/4$ de taza de harina de avena

$1/2$ taza de harina de almendras

1 cucharada de linaza molida

1 cucharada de semillas de chía, molidas

$1 1/2$ cucharaditas de polvo para hornear

$1/2$ cucharadita de bicarbonato

$1/2$ cucharadita de canela molida

1 taza de zanahoria rallada

$1/4$ de taza de nueces de Castilla, picadas

PREPARACIÓN:

1. Precalienta el horno a 180 °C. Engrasa una bandeja para 24 muffins o cúbrela con papel para hornear.

2. En un recipiente mezcla los ingredientes húmedos.

3. En otro recipiente bate todos los ingredientes secos excepto la zanahoria y las nueces.

4. Vierte los ingredientes húmedos sobre los secos y revuélvelos hasta combinarlos bien. Agrega las nueces picadas y la zanahoria.

5. Vierte la mezcla equitativamente sobre la bandeja para muffins. Hornea de 18 a 22 minutos o hasta que puedas hacer la prueba del palillo (insertar un palillo en el centro del pan y extraerlo completamente limpio).

6. Saca la bandeja del horno y deja que se enfríe antes de transferir los muffins a una parrilla de alambre.

CONSEJO: Usa también una bandeja típica para 12 muffins y hornéalos a 180 °C entre 20 y 24 minutos. Almacena los sobrantes durante algunos días en un contenedor hermético a temperatura ambiente, en el refrigerador hasta una semana o en el congelador, dentro de bolsas para congelador con papel para hornear, durante algunos meses.

POR PORCIÓN: 70 calorías, 2 gramos de proteína, 12 gramos de carbohidratos, 2 gramos de grasa total

PAN DE CALABACITA

▶ **SIN ACEITE** ▶ **SIN AZÚCAR REFINADA**

TIEMPO DE PREPARACIÓN: 10 min
TIEMPO DE COCCIÓN: 50 min
TIEMPO TOTAL: 60 min

RINDE APROXIMADAMENTE 12 REBANADAS

Este pan es una variación de nuestros panes dulces. Está hecho con verduras para aumentar la intensidad de los nutrientes.

INGREDIENTES:

½ taza de leche endulzada de almendras y vainilla

½ taza más 1 cucharada de miel de maple

2 cucharadas de puré de manzana

1 cucharadita de extracto de vainilla

½ cucharadita de vinagre de sidra de manzana

½ taza de harina de arroz integral

½ taza de harina de avena

½ taza de harina de tapioca o de arrurruz

½ taza de harina de almendras

2 cucharadas de linaza molida o semilla de chía molida

2 cucharaditas de polvo para hornear

½ cucharadita de bicarbonato

1 cucharadita de canela molida

1 taza de calabacita finamente rallada (comprime ligeramente con las manos)

PREPARACIÓN:

1. Precalienta el horno a 180 °C. Engrasa un molde de pan (20 × 10 cm) o cubre el interior con papel para hornear.

2. En un recipiente, mezcla los ingredientes húmedos.

3. En otro recipiente bate todos los ingredientes secos excepto la calabacita rallada.

4. Vierte los ingredientes húmedos sobre los secos y revuélvelos hasta combinarlos bien. Incorpora poco a poco la calabacita.

5. Vierte la mezcla en el molde de pan. Hornea durante 50 minutos o hasta que puedas hacer la prueba del palillo (insertar un palillo en el centro del pan y extraerlo completamente limpio). Saca el pan del horno y déjalo enfriar un poco antes de transferirlo a una parrilla de alambre. Cuando se enfríe por completo (mínimo una o dos horas después) ¡rebana y sirve!

CONSEJO: Almacena los sobrantes durante algunos días en un contenedor hermético a temperatura ambiente, en el refrigerador hasta una semana o en el congelador, dentro de bolsas para congelador con papel para hornear, durante algunos meses.

NOTA: Al igual que otros panes rápidos, enfría completamente para evitar que se desmorone el pan. Para que el pan esté en su punto ideal, envuélvelo cuando se enfríe en plástico o guárdalo en un contenedor hermético durante varias horas o incluso toda la noche. Los panes rápidos saben mejor y se rebanan más fácilmente un día después de hornearlos.

POR PORCIÓN: 131 calorías, 3 gramos de proteína, 24 gramos de carbohidratos, 3 gramos de grasa total

PAN DE CALABAZA CON GLASEADO

▶ SIN ACEITE ▶ SIN AZÚCAR REFINADA

TIEMPO DE PREPARACIÓN: 10 min
TIEMPO DE COCCIÓN: 50 min
TIEMPO TOTAL: 60 min

RINDE APROXIMADAMENTE 12 REBANADAS

La calabaza te ayudará a bajar de peso y además tiene beneficios para el corazón y la vista. También reduce el riesgo de cáncer. Este pan de calabaza es increíblemente sencillo y fácil de preparar, incluso para personas que nunca han hecho pan.

INGREDIENTES:

$^3/_4$ de taza de puré de calabaza

$^1/_2$ taza de leche endulzada de almendras y vainilla

$^1/_2$ taza de miel de maple

2 cucharadas de puré de manzana

1 cucharadita de extracto de vainilla

$^1/_2$ cucharadita de vinagre de sidra de manzana

$^1/_2$ taza de harina de arroz integral

$^1/_2$ taza de harina de avena

$^1/_2$ taza de harina de tapioca o arrurruz

$^1/_2$ taza de harina de almendras

1 cucharada de harina de linaza

1 cucharada de semillas de chía, molidas

2 cucharaditas de polvo para hornear

$^1/_2$ cucharadita de bicarbonato

1 cucharadita de canela molida

$^1/_2$ de cucharadita de nuez moscada

$^1/_2$ de cucharadita de sal (opcional)

PARA EL GLASEADO:

5 cucharadas de crema de coco

3 cucharadas de miel de maple

1 cucharadita de extracto de vainilla

PREPARACIÓN DEL GLASEADO:

Bate los ingredientes del glaseado en un recipiente hasta obtener una mezcla cremosa y uniforme. Déjalo a un lado hasta que lo requieras de nuevo.

PREPARACIÓN:

1. Precalienta el horno a 180 °C. Engrasa un molde de pan (20 × 10 cm) o cubre el interior con papel para hornear.

2. En un recipiente mezcla el puré de calabaza, la leche de almendras, la miel de maple, el puré de manzana, la vainilla y el vinagre de sidra de manzana. Déjalo a un lado.

3. En otro recipiente mezcla las harinas, las semillas de chía, el polvo para hornear, el bicarbonato, la canela, la nuez moscada y la sal (si decides incluirla).

Continúa la receta

4. Vierte los ingredientes húmedos sobre los secos y revuélvelos hasta combinarlos, sin mezclarlos demasiado.

5. Vierte la mezcla en el molde de pan. Hornea durante 50 minutos o hasta que puedas hacer la prueba del palillo (insertar un palillo en el centro del pan y extraerlo completamente limpio). Saca el pan del horno y deja que se enfríe un poco antes de transferirlo a una parrilla de alambre.

6. Déjalo enfriar por completo (mínimo una o dos horas), cúbrelo con el glaseado y entonces ¡rebana y sirve! Refrigera el pan glaseado antes de rebanarlo para permitir que el betún se endurezca y sea más fácil de cortar.

CONSEJO: Almacena los sobrantes durante algunos días en un contenedor hermético a temperatura ambiente, en el refrigerador hasta una semana o en el congelador, dentro de bolsas para congelador con papel para hornear, durante algunos meses. Envuelve las rebanadas individualmente con plástico para congelar o en papel para hornear y almacénalas en bolsas para congelar.

NOTA: Al igual que otros panes rápidos, enfría completamente para evitar que se desmorone el pan. Para que el pan esté en su punto ideal, cuando se enfríe envuélvelo en plástico o guárdalo en un contenedor hermético durante varias horas o incluso toda la noche. Los panes rápidos saben mejor y se rebanan más fácilmente un día después de hornearlos.

POR PORCIÓN CON BETÚN: 180 calorías, 3 gramos de proteína, 33 gramos de carbohidratos, 4 gramos de grasa total

MUFFINS DE LIMÓN Y CHÍA

▶ **SIN ACEITE**

TIEMPO DE PREPARACIÓN: 10 min
TIEMPO DE COCCIÓN: 24 min
TIEMPO TOTAL: 34 min

RINDE APROXIMADAMENTE 12 MUFFINS

En el lenguaje antiguo de los mayas, *chía* significa "fuerza". Tal vez sea porque estas semillas, a pesar de ser diminutas, están llenas de nutrientes. Por su alto contenido de fibra, proteína, ácidos grasos omega 3 (para el corazón), manganeso, magnesio, fósforo y calcio, todo hogar debe contar con estas semillas. Este pan ofrece una buena opción para que tu familia las conozca.

INGREDIENTES:

1 taza de harina de avena sin gluten

1 taza de harina de almendras

$1/2$ taza de azúcar orgánica de palma

2 cucharadas de semillas de chía, molidas

2 cucharadas de semillas de chía

$1/2$ cucharadita de polvo para hornear

$1/2$ cucharadita de bicarbonato

$3/4$ de taza de leche endulzada de almendras y vainilla

3 cucharadas de puré de manzana

4 cucharadas de jugo de limón

BETÚN (OPCIÓN 1):

$1/2$ taza de azúcar glas

1 cucharada de jugo de limón

• Mezcla ambos ingredientes.

BETÚN (OPCIÓN 2):

5 cucharadas de crema de coco

3 cucharadas de miel de maple

1 cucharadita de extracto de vainilla

1 cucharadita de jugo de limón

• Mezcla todos los ingredientes.

PREPARACIÓN:

1. Precalienta el horno a 180 °C. Engrasa una bandeja para 12 muffins o cúbrela con papel para hornear.

2. En un recipiente mezcla la harina de avena sin gluten, la harina de almendras, el azúcar de palma, las semillas de chía, el bicarbonato y el polvo para hornear.

3. En otro recipiente mezcla la leche de almendras, el puré de manzana y el jugo de limón.

4. Vierte los ingredientes húmedos sobre los secos y revuélvelos hasta obtener una mezcla consistente.

5. Distribuye la mezcla equitativamente en la bandeja para 12 muffins.

Continúa la receta

6. Hornea de 20 a 24 minutos o hasta que puedas hacer la prueba del palillo (insertar un palillo en el centro del pan y extraerlo completamente limpio).

7. Saca la bandeja del horno y permite que se enfríe. Transfiere los muffins a una parrilla de alambre. Si quieres glasearlos, cúbrelos con betún antes de servir y ¡disfruta!

CONSEJO: Almacena los sobrantes durante algunos días en un contenedor hermético a temperatura ambiente, en el refrigerador hasta una semana o en el congelador, dentro de bolsas para congelador con papel para hornear, durante algunos meses.

POR PORCIÓN SIN BETÚN: 162 calorías, 4 gramos de proteína, 25 gramos de carbohidratos, 6 gramos de grasa total

HOT CAKES MULTIGRANO CON MORAS Y CREMA DE COCO BATIDA

TIEMPO DE PREPARACIÓN: 10 min
TIEMPO DE COCCIÓN: 20 min
TIEMPO TOTAL: 30 min

RINDE DE 8 A 10 HOT CAKES

Consiéntete sin remordimiento. Estos hot cakes multigrano tienen mucho sabor sin tener muchas grasas y calorías. Además, hemos aumentado las proteínas con avena, mijo, arroz y linaza dorada.

INGREDIENTES:

½ taza de harina de avena

½ taza de harina de mijo

½ taza de harina de arroz integral

2 cucharadas de linaza dorada molida o de semillas de chía, molidas

1 ½ cucharaditas de polvo para hornear

¼ de cucharadita de bicarbonato

1 ¾ tazas de leche endulzada de almendras y vainilla, o de otro sustituto de leche no láctea

2 cucharadas de miel de maple

crema batida de coco (ver receta en la página 338), para acompañar

moras frescas, para acompañar

miel de maple, para acompañar

PREPARACIÓN:

1. En un recipiente mezcla los ingredientes secos. Agrega la leche de almendras y la miel de maple, y revuelve hasta obtener una mezcla uniforme. Deja reposar unos minutos para espesar la mezcla.

2. Mientras tanto, engrasa una sartén grande antiadherente con aceite de coco u otro aceite de tu preferencia y calienta a fuego medio-alto.

3. Por cada hot cake, vierte una porción de ¼ o ½ taza de masa en la sartén y distribúyela rápidamente hasta formar un círculo. Haz cuatro hot cakes a la vez. Baja a fuego medio y déjalos tres o cuatro minutos, o hasta que aparezcan burbujas. Voltea los hot cakes y déjalos hasta que se doren. Repite hasta que se termine la masa.

4. Sirve con una cucharada de crema batida de coco, moras frescas y un chorrito de miel de maple.

CONSEJO: Almacena los sobrantes en el congelador y calienta los hot cakes en el tostador.

POR PORCIÓN: 140 calorías, 3 gramos de proteína, 25 gramos de carbohidratos, 3 gramos de grasa total

PAN CON NUECES Y SEMILLAS

▶ SIN ACEITE ▶ SIN GRANOS (OPCIONAL)

TIEMPO DE PREPARACIÓN: 15 min

TIEMPO DE COCCIÓN: 55 min

TIEMPO TOTAL: 70 min (no incluye el tiempo de reposo antes de hornear)

RINDE APROXIMADAMENTE 18 REBANADAS

¡Deléitate con este pan que está lleno de proteínas, fibra y nutrientes a cualquier hora del día! Disfrútalo tostado o en rebanadas con mantequilla de almendras y fruta. También es una base exquisita para untar hummus o aguacate. ¡Es gratificante y delicioso!

INGREDIENTES:

½ taza de harina de quinoa

½ taza de harina de avena sin gluten

½ taza de harina de arroz integral

½ taza de harina de almendras

1 taza de semillas de girasol sin sal, tostadas

½ taza de semillas de calabaza

½ taza de almendras rebanadas

½ taza de harina de linaza

2 cucharadas de semillas de chía, molidas

1 cucharadita de sal

1 cucharada de cáscara de psyllium en polvo

2 tazas de agua

semillas al gusto para esparcir sobre el pan

nueces de Castilla al gusto para esparcir sobre el pan

PREPARACIÓN:

1. Cubre un molde de pan (20 × 10 cm) con papel para hornear.

2. En un recipiente mezcla todos los ingredientes secos, excepto la cáscara de psyllium en polvo.

3. Vierte el agua sobre los ingredientes secos y agrega la cáscara de psyllium en polvo. Mezcla bien y vierte inmediatamente en el molde de pan. Usa el dorso de una cuchara para alisar la superficie de la masa; luego esparce las semillas y nueces al gusto sobre ella.

4. Cubre el molde con un trapo húmedo o con envoltura de plástico y deja reposar varias horas o toda la noche para permitir que la masa se endurezca y las semillas absorban la humedad.

5. Cuando la masa esté lista, precalienta el horno a 180 °C y hornea durante 55 minutos o hasta que el pan esté firme y se empiece a dorar.

6. Deja enfriar antes de transferir el pan a una parrilla de alambre.

Continúa la receta

CONSEJO: Almacena los sobrantes algunos días en un contenedor hermético a temperatura ambiente, en el refrigerador hasta una semana o en el congelador, dentro de bolsas para congelador con papel para hornear, durante algunos meses. Envuelve las rebanadas individualmente con plástico para congelar o envuelve en papel para hornear y almacena en bolsas para congelar.

NOTA: Es posible hacer este pan sin granos. Para ello, simplemente sustituye la ½ taza de harina de avena y la ½ taza de harina de arroz integral por 1 taza extra de harina de quinoa. Al igual que otros panes de preparación rápida, deja enfriar completamente antes de rebanar para evitar que el pan se desmorone. Para obtener los mejores resultados, cuando el pan esté frío envuélvelo en plástico o almacénalo en un contenedor hermético durante varias horas o incluso toda la noche. Los panes rápidos saben mejor y se rebanan más fácilmente un día después de hornearlos.

VARIACIÓN

▶ Si quieres cambiar un poco esta receta, agrega ½ taza de pasas, ½ taza de arándanos y ½ taza de nuez.

POR PORCIÓN: 151 calorías, 6 gramos de proteína, 12 gramos de carbohidratos, 10 gramos de grasa total

LIGERO

PAN DE SEMILLAS Y GRANOS ENTEROS

TIEMPO DE PREPARACIÓN: 10 min

TIEMPO DE COCCIÓN: 50 min

TIEMPO TOTAL: 60 min (no incluye el tiempo de elevación de la masa)

RINDE APROXIMADAMENTE 14 REBANADAS

Después de probar este pan sencillo y delicioso, quizá no vuelvas a comprar pan comercial.

INGREDIENTES:

2 tazas de agua tibia, separadas

2¼ cucharadas de levadura seca activa

2 cucharadas de azúcar de caña no refinada

1 cucharada de aceite de canola

1 cucharadita de vinagre de sidra de manzana

1½ tazas de harina de avena

1 taza de harina de arroz integral

½ taza de harina de quinoa

2 cucharadas de semillas de chía, molidas

3 cucharadas de harina de linaza

1 cucharadita de sal

¼ de taza de semillas de calabaza, reserva una cucharada para esparcir

¼ de taza de semillas de girasol, reserva 1 cucharada para esparcir

1 cucharada de semillas de cáñamo sin cáscara, para esparcir

1 cucharada de avena sin gluten, para esparcir

PREPARACIÓN:

1. Activa la levadura: en un recipiente combina 1 taza de agua tibia con la levadura y el azúcar. Cuando forme una espuma, déjala reposar entre 5 y 10 minutos. Añade la segunda taza de agua, el aceite y el vinagre de sidra de manzana. Deja reposar.

2. En otro recipiente combina los ingredientes secos, excepto las semillas de calabaza y de girasol y la avena sin gluten. Bate hasta formar una mezcla uniforme.

3. Vierte y mezcla los ingredientes húmedos sobre los secos. Incorpora poco a poco las semillas reservadas y la avena.

4. Vierte la masa en un molde de pan (20 × 10 cm) cubierto con papel para hornear. Usa el dorso de una cuchara para alisar la superficie de la masa y luego esparce las semillas y la avena sin gluten sobre ella.

5. Cubre el molde con un trapo húmedo o con envoltura de plástico y déjala reposar 45 minutos para que la masa se eleve. A los 30 minutos destapa el molde para permitir que la masa se termine de elevar.

6. Precalienta el horno a 180 °C y hornea durante 50 minutos.

Continúa la receta

7. Saca el molde del horno y déjalo enfriar antes de transferirlo a una parrilla de alambre. Para evitar que el pan se desmorone, espera a que esté completamente frío antes de rebanarlo.

CONSEJO: Almacena las sobras durante algunos días en un contenedor hermético a temperatura ambiente, en el refrigerador hasta una semana o en el congelador, dentro de bolsas para congelador con papel para hornear, durante algunos meses. Envuelve las rebanadas individualmente con plástico para congelar o envuelve en papel para hornear y almacena en bolsas para congelar.

NOTA: Para hacer este pan, es importante organizarse por adelantado. Debes permitir suficiente tiempo para que la masa se eleve y para que el pan se enfríe antes de rebanarlo. Para obtener los mejores resultados, cuando el pan esté frío envuélvelo en plástico o almacénalo en un contenedor hermético durante varias horas o incluso toda la noche. Los panes rápidos saben mejor y se rebanan más fácilmente un día después de hornearlos.

POR PORCIÓN: 166 calorías, 6 gramos de proteína, 23 gramos de carbohidratos, 6 gramos de grasa total

BARRAS DE GRANOLA CON FRUTA Y NUECES

TIEMPO DE PREPARACIÓN: 20 min

TIEMPO DE COCCIÓN: 25 min

TIEMPO TOTAL: 45 min

RINDE 8 BARRAS

Despídete de las barras de granola con chatarra. Estas barras sencillas son un gran refrigerio para los niños y son ideales antes o durante sesiones de ejercicio para los adultos. Están llenas de fibra y proteína, y tienen una gran consistencia.

INGREDIENTES:

¼ de taza de miel de maple

2 cucharadas de aceite de coco derretida

½ taza de harina de avena

¼ de taza de avena instantánea

¼ de taza de harina de almendras o almendra molida

½ taza de almendras rebanadas

¼ de taza de nueces de Castilla, picadas

¼ de taza de pasas

¼ de taza de semillas de calabaza

¼ de taza de semillas de girasol

4 cucharadas de linaza molida

PREPARACIÓN:

1. Precalienta el horno a 180 °C.

2. Mezcla la miel de maple y el aceite de coco en un recipiente.

3. En otro recipiente mezcla el resto de los ingredientes.

4. Vierte la mezcla húmeda sobre los ingredientes secos y deja reposar 10 minutos para que los ingredientes se espesen y los líquidos se absorban.

5. Distribuye la mezcla equitativamente sobre una bandeja para hornear (15 × 20 cm o 20 × 20 cm) cubierta con papel para hornear.

6. Coloca la bandeja en el congelador durante 10 minutos para aumentar la firmeza de la mezcla y para que sea más fácil de cortar.

7. Saca la bandeja del congelador y, con un cuchillo, corta la mezcla en 8 porciones rectangulares.

8. Hornea de 20 a 25 minutos.

9. Coloca la mezcla en una parrilla de alambre durante 15 minutos. Separa las 8 porciones con cuidado y devuélvelas a la parrilla de alambre.

10. Para obtener una consistencia más crujiente, permite que se enfríen por completo.

CONSEJO: Los sobrantes se conservarán algunos días en un contenedor hermético o envueltas individualmente o separadas con papel para hornear. Almacena hasta una semana en el refrigerador o durante un mes en el congelador.

POR PORCIÓN: 371 calorías, 11 gramos de proteína, 27 gramos de carbohidratos, 28 gramos de grasa total

GRANOLA

TIEMPO DE PREPARACIÓN: 5 min

TIEMPO DE COCCIÓN: 20 min

TIEMPO TOTAL: 25 min

RINDE 6 PORCIONES

¿A quién no le encanta desayunar algo dulce y crujiente? Ahora lo podemos hacer sin sentir ese remordimiento típico de las comidas dulces. Esta crujiente mezcla casera de avena, nueces y semillas sirve para alegrar tu lado más dulce.

INGREDIENTES:

2 tazas de avena instantánea

1½ tazas de avena en hojuelas

½ taza de miel de maple

2 cucharadas de semillas de calabaza

2 cucharadas de almendras rebanadas

2 cucharadas de nuez de la India, picada

1 cucharada de linaza dorada molida

¼ de cucharadita de canela en polvo

PREPARACIÓN:

1. Precalienta el horno a 180 ºC.

2. Mezcla todos los ingredientes en un recipiente.

3. Coloca la mezcla de granola sobre una bandeja para hornear cubierta con papel para hornear. Hornea durante 10 minutos y revuelve ligeramente. Hornea 10 minutos más o hasta que la granola esté dorada.

4. Retira del horno y deja que se enfríe completamente.

CONSEJO: Disfruta ⅔ de taza de granola en un plato hondo con ½ taza de leche de almendras. Añade fruta fresca, si gustas. Almacena la granola en un contenedor hermético a temperatura ambiente. Las sobras se conservan hasta una semana a temperatura ambiente, o hasta un mes en el refrigerador.

VARIACIÓN

▸ Bocados de granola (rinde 6 porciones): Pon una taza de la avena en el procesador de alimentos hasta convertirla en harina, luego sigue la misma preparación pero añádele 1 cucharada de aceite de coco derretido a la mezcla. A continuación, presiona firmemente la mezcla sobre el papel para hornear y sigue las mismas instrucciones de horneado, con la diferencia de que una vez fuera del horno, cuando la granola se enfríe, deberás romperla en trozos. Sigue los mismos consejos de preparación que se mencionan arriba.

POR PORCIÓN: 301 calorías, 8 gramos de proteína, 52 gramos de carbohidratos, 7 gramos de grasa total

PODEROSO TAZÓN DE AÇAÍ

TIEMPO DE PREPARACIÓN: 15 min

TIEMPO DE COCCIÓN: 10 min

TIEMPO TOTAL: 25 min

RINDE 1 PORCIÓN

Este tazón de desayuno está lleno de poderosos antioxidantes (que provienen de la col rizada, la baya de açaí, la mora azul y la chía). Estos alimentos contienen los fitoquímicos que protegen contra el cáncer y los males cardiacos, así como las vitaminas y minerales que ayudan a fortalecer el sistema inmunológico.

La mora azul, en particular, ayuda a reducir la inflamación y protege las células. Los vegetales verdes superpoderosos, como la espinaca y la col rizada, contienen altas cantidades de magnesio, manganeso, potasio y calcio, además de vitaminas K, C, E y A. La baya de açaí, originaria de la amazonia brasileña, contiene ácidos grasos omega 3, buenos para el corazón. Y las semillas de chía, además de omega 3, tienen un alto contenido de fibra y proteína. ¡Energía de verdad, con alimentos verdaderos!

INGREDIENTES

$1/2$ taza de col rizada picada, corta los tallos

$1/2$ taza de moras azules congeladas

$1/2$ plátano congelado

2 cucharadas de semillas de chía, molidas, o linaza, molida

1 cucharada de Proteína en Polvo a Base de Plantas 22 Días

$1/2$ taza de leche endulzada de almendras y vainilla

1 paquete de 400 ml de licuado de açaí congelado sin endulzar

PARA ACOMPAÑAR (OPCIONAL):

granola (ver receta en la página 74)

frutas

nueces de Castilla

semillas (como cáñamo, chía o linaza)

PREPARACIÓN

1. Prepara tus acompañamientos y déjalos a un lado hasta requerirlos.

2. Para el licuado de açaí, coloca los ingredientes en la licuadora en el siguiente orden: col rizada, mora azul, plátano, chía o linaza molida, Proteína en Polvo a Base de Plantas 22 Días, leche de almendras y açaí. (Descongela la pulpa de açaí debajo del grifo durante unos segundos antes de abrir el paquete y desmoronar los contenidos. Es más fácil licuar los ingredientes si están descongelados.)

3. Licua los ingredientes hasta obtener una mezcla consistente. Si los ingredientes se pegan a los costados, detén la licuadora y despégalos con una espátula.

4. Vierte el licuado de açaí en un tazón y acompáñalo con los ingredientes que desees.

POR PORCIÓN: 399 calorías, 21 gramos de proteína, 60 gramos de carbohidratos, 10 gramos de grasa total

PUDÍN DE VAINILLA, MORAS Y CHÍA

TIEMPO DE PREPARACIÓN: 5 min

TIEMPO DE COCCIÓN: 0 min

TIEMPO TOTAL: 5 min (no incluye el tiempo de refrigeración durante una noche)

RINDE 2 PORCIONES

¡Nos encanta el sabor de este pudín! A veces cuesta un poco acostumbrarse al sabor y consistencia de la chía, pero los beneficios nutritivos de este desayuno merecen una oportunidad. La chía está cargada de ácidos grasos omega 3, fibra, proteína, manganeso, magnesio y fósforo que te ayudarán a iniciar el día con fuerza.

INGREDIENTES

$1/2$ taza de semillas de chía

2 tazas de leche endulzada de almendras y vainilla, o de otro sustituto de leche no láctea

1 cucharadita de extracto de vainilla

2 cucharadas de miel de maple

1 taza de moras

PREPARACIÓN:

1. En un recipiente mezcla bien todos los ingredientes.

2. Almacena el pudín en un contenedor hermético (con tapa) y refrigera durante una noche.

3. Revuelve bien el pudín antes de servirlo en tazones. ¡Disfrútalo con moras!

POR PORCIÓN: 309 calorías, 8 gramos de proteína, 50 gramos de carbohidratos, 12 gramos de grasa total

BRUSCHETTA DE AGUACATE Y JITOMATE

TIEMPO DE PREPARACIÓN: 10 min

TIEMPO DE COCCIÓN: 5 min

TIEMPO TOTAL: 15 min

RINDE 2 PORCIONES

El pan de semillas y granos enteros (ver receta en la página 69) y el pan con nueces y semillas (ver receta en la página 67) son ideales para acompañar esta receta. Es deliciosa como desayuno o como entrada.

INGREDIENTES

1 aguacate Hass deshuesado, pelado y rebanado en cubitos

1 jitomate mediano, finamente picado

¼ de cebolla pequeña, picada

1 diente de ajo, machacado

3 cucharadas de jugo de limón

2 cucharaditas de aceite de oliva extra virgen

1 cucharada de vinagre balsámico

1 pizca de albahaca seca

sal de mar, al gusto

pimienta negra, molida, al gusto

3 rebanadas de pan sin gluten

PREPARACIÓN:

1. En un recipiente mezcla todos los ingredientes, excepto el pan.

2. Tuesta el pan, rebánalo por la mitad, cúbrelo con la mezcla ¡y sirve!

POR PORCIÓN: 317 calorías, 4 gramos de proteína, 38 gramos de carbohidratos, 18 gramos de grasa total

LATKES DE PAPA

TIEMPO DE PREPARACIÓN: 15 min

TIEMPO DE COCCIÓN: 20 min

TIEMPO TOTAL: 35 min

RINDE 4 PORCIONES

¿Te gustan los alimentos calientes y crujientes? ¡A mí sí! Las papas han sido injustamente marginadas de las dietas bajas en carbohidratos por su alto contenido de almidón, pero aquí hay algunas razones para darles otra oportunidad. Las papas tienen pocas calorías y grasa, pero están llenas de vitamina C, vitamina B_6, calcio, potasio, proteína y fibra. También contienen un compuesto llamado ácido alfa lipoico, que ayuda al cuerpo a convertir la glucosa en energía.

INGREDIENTES:

2 papas Russet grandes (entre 1½ y 1 kilo), lavadas, peladas y ralladas

1 cebolla pequeña, rallada

¼ de tasa de harina de quinoa o avena

1 cucharadita de polvo para hornear

1 cucharada de semillas de chía, molidas

1 cucharadita de sal de mar, o agregar al gusto

pimienta negra molida, al gusto

4 cucharadas de aceite de oliva extra virgen, para freír

perejil, para condimentar

PREPARACIÓN:

1. Coloca la papa rallada en un tazón con agua para evitar que se oscurezca. Mientras, reúne los demás ingredientes.

2. Enjuaga la papa rallada en un colador hasta que el agua salga transparente. Este paso ayuda a remover el almidón y promueve una latke más crujiente. Luego exprime la papa para eliminar el resto del agua.

3. En un recipiente mezcla la papa con la cebolla, la harina, el polvo para hornear, las semillas de chía molidas, la sal y la pimienta.

4. Calienta 1 o 2 cucharadas de aceite a fuego medio-alto en una sartén grande antiadherente.

5. Reduce a fuego medio y coloca ½ taza de mezcla de papa, para cada latke, en la sartén. Presiona los latkes con una espátula. Puedes hacer hasta 4 latkes a la vez.

6. Dora cada latke durante 4 o 5 minutos por cada lado, hasta que estén crujientes. Prepara el resto de los latkes con 1 o 2 cucharadas de aceite, hasta usar toda la mezcla. Esta receta rinde aproximadamente 8 latkes que se pueden servir como aperitivo, o se pueden hacer 4 latkes más grandes para servir como entrada.

7. Coloca los latkes en un plato con toallas de papel para absorber el aceite. Sirve con perejil picado.

POR PORCIÓN: 305 calorías, 5 gramos de proteína, 40 gramos de carbohidratos, 15 gramos de grasa total

ENSALADA DE DESAYUNO CON MORAS Y ESPINACAS

TIEMPO DE PREPARACIÓN: 10 min

TIEMPO DE COCCIÓN: 0 min

TIEMPO TOTAL: 10 min

RINDE 1 PORCIÓN

Esta receta transformará radicalmente tu noción del desayuno. La espinaca es famosa por sus beneficios para la salud, el cabello y la piel, para prevenir el cáncer, reducir la presión arterial y mantenerse "regular". Está llena de vitamina K, vitamina A, manganeso, folato, magnesio, hierro, vitaminas B, calcio, vitamina C, fibra, potasio y mucho más. Esta deliciosa y ligera ensalada de desayuno es justo lo que necesitas.

INGREDIENTES:

2 tazas de espinaca fresca

1 taza de moras frescas (o una combinación de zarzamoras, frambuesas, moras azules y fresas)

¼ de taza de nueces de Castilla, picadas

1 cucharada de semillas de cáñamo sin cáscara

4 cucharadas de jugo de naranja fresco

PREPARACIÓN

1. Coloca una capa de espinaca sobre un plato y cúbrela con moras frescas.

2. Espolvorea la nuez picada y las semillas de cáñamo sobre las moras y espinacas.

3. Adereza con el jugo de naranja.

POR PORCIÓN: 340 calorías, 11 gramos de proteína, 27 gramos de carbohidratos, 25 gramos de grasa total

LICUADO DE MORA, MANGO Y CÁÑAMO

TIEMPO DE PREPARACIÓN: 5 min

TIEMPO DE COCCIÓN: 0 min

TIEMPO TOTAL: 5 min

RINDE 2 PORCIONES

Los niños adoran los jugos y licuados dulces, pero desafortunadamente ese amor no suele ser recíproco. Este licuado está lleno de vitaminas, minerales, proteínas y sabor, y corresponderá al entusiasmo de tus hijos. Es rápido, fácil y bueno para cualquier hora del día.

INGREDIENTES:

1 taza de mango congelado

2 cucharadas de semillas de cáñamo, sin cáscara. Reserva una porción para rociar al final

1 taza de leche de coco o de otro sustituto de leche no láctea

1 taza de moras congeladas

PREPARACIÓN:

1. Licua el mango y las semillas de cáñamo con ½ taza de leche de coco hasta obtener una mezcla consistente.

2. Divide el jugo de mango entre 2 vasos y colócalos en el congelador durante algunos minutos.

3. Mientras tanto, licua las moras y el resto de la leche de coco hasta obtener una mezcla consistente.

4. Remueve los vasos con jugo de mango del refrigerador y divide el jugo de moras entre ambos vasos.

5. Espolvorea la semillas de cáñamo restante sobre los vasos ¡y disfruta!

POR PORCIÓN: 191 calorías, 5 gramos de proteína, 31 gramos de carbohidratos, 8 gramos de grasa total

LICUADO TROPICAL PARA EL SISTEMA INMUNE

TIEMPO DE PREPARACIÓN: 5 min
TIEMPO DE COCCIÓN: 0 min
TIEMPO TOTAL: 5 min
RINDE 1 PORCIÓN

Este licuado tiene todos los antioxidantes y nutrientes para renovar e impulsar tu organismo.

Jengibre: Tiene propiedades antiinflamatorias, pero ¿sabías que también ayuda a reducir dolor y náuseas y a prevenir úlceras, alivia malestares estomacales estimula la circulación? El jengibre fresco siempre es mi primera opción, pero no es mala idea conservar un pedazo en el congelador (se conserva durante varios meses). Remueve la cáscara, córtalo en trozos de $1/4$ a 1 centímetro y congélalo en un contenedor hermético. El jengibre molido también es una opción.

Cúrcuma: El ingrediente activo de la cúrcuma es un compuesto llamado curcumina. Aparte de ser antiviral y antifúngica, la curcumina protege contra el cáncer. Es uno de los alimentos más altos en propiedades antioxidantes y antiinflamatorias.

Pimienta negra: Este licuado también contiene pimienta negra, que aumenta significativamente la capacidad de absorción de nutrientes.

Probióticos: Los probióticos impulsan el sistema inmune, apoyan en la digestión y son ideales para mantener sanos los intestinos.

Piña: Contiene compuestos únicos para la salud, antioxidantes en abundancia y vitaminas y minerales esenciales para la salud.

Kiwi: Esta fruta tiene mucha fibra y contiene más vitamina C que las naranjas.

INGREDIENTES:

1 taza de jugo de naranja fresco

1 plátano congelado

1 kiwi, pelado

$1/4$ taza de trozos de piña congelada

1 cucharadita de polvo de probióticos (de origen no lácteo)

$1/4$ centímetro de cúrcuma o $1/4$ de cucharadita de cúrcuma en polvo

$1/4$ centímetro de jengibre pelado o $1/4$ de cucharadita de jengibre en polvo

$1/4$ de cucharadita de pimienta negra, molida

1 cucharada grande de hielo

PREPARACIÓN:

Licua los ingredientes hasta obtener una consistencia uniforme. Disfruta inmediatamente para absorber todos los nutrientes.

POR PORCIÓN: 313 calorías, 5 gramos de proteína, 77 gramos de carbohidratos, 2 gramos de grasa total

LICUADO PROTEÍNICO DE FRESA

TIEMPO DE PREPARACIÓN: 5 min

TIEMPO DE COCCIÓN: 0 min

TIEMPO TOTAL: 5 min

RINDE 1 PORCIÓN

Cuando era niño, pasaba muchas horas en casa de mi abuela Mima. Todos los días, exactamente a la misma hora, pasaba el camión de los helados. Al escuchar la música de sus bocinas, los niños del vecindario salían a perseguirlo. A veces no teníamos suficiente dinero para comprar mi helado favorito, pero cuando nos alcanzaba, casi siempre compraba un helado de fresa con galleta. Ésta es mi versión de ese helado, en un licuado.

INGREDIENTES:

1 taza de fresas congeladas

1 plátano congelado

1 taza de leche endulzada de almendras y vainilla, o de otro sustituto de leche no láctea

1 cucharada de Proteína en Polvo a Base de Plantas 22 Días

PREPARACIÓN:

1. Licua los ingredientes hasta obtener una consistencia uniforme.

2. Sirve y ¡disfruta!

POR PORCIÓN: 270 calorías, 16 gramos de proteína, 34 gramos de carbohidratos, 4 gramos de grasa total

FÁCIL DIGESTIÓN

TIEMPO DE PREPARACIÓN: 5 min

TIEMPO DE COCCIÓN: 0 min

TIEMPO TOTAL: 5 min

RINDE 2 PORCIONES

La papaya es un maravilloso digestivo que contiene una enzima conocida como papaína, que ayuda a mejorar la salud digestiva. Los probióticos, las semillas de chía y el mango son el asistente digestivo perfecto.

INGREDIENTES:

1 taza de trozos de papaya congelada

1 taza de trozos de mango congelado

1 cucharada de semillas de chía, molidas

1 cucharadita de probióticos en polvo

PREPARACIÓN:

1. Licua los ingredientes hasta obtener una consistencia uniforme.

2. Sirve y ¡disfruta!

POR PORCIÓN: 116 calorías, 2 gramos de proteína, 27 gramos de carbohidratos, 2 gramos de grasa total

JUGO VERDE PURIFICADOR

TIEMPO DE PREPARACIÓN: 10 min

TIEMPO DE COCCIÓN: 0 min

TIEMPO TOTAL: 10 min

RINDE 2 PORCIONES

Este jugo es una buena fuente de hierro, calcio y antioxidantes, además de vitaminas A, B, C y K. Ayuda a mejorar tu sistema inmune y a purificar tu hígado. Al mismo tiempo te mantiene hidratado y te da energía.

INGREDIENTES:

5 tallos de col rizada

3 manzanas verdes

1 pepino

1 tallo de apio

1 limón pelado

1 centímetro de jengibre

PREPARACIÓN:

Coloca todos los ingredientes en una máquina para hacer jugos y ¡disfruta!

POR PORCIÓN: 194 calorías, 4 gramos de proteína, 50 gramos de carbohidratos, 1 gramo de grasa total

DESPERTADOR DE METABOLISMO

TIEMPO DE PREPARACIÓN: 5 min

TIEMPO DE COCCIÓN: 0 min

TIEMPO TOTAL: 5 min

RINDE 1 PORCIÓN

Este licuado es una bomba de nutrición con vitaminas A y C, calcio y proteínas. Además ayuda a purificar el organismo y a rejuvenecer el cuerpo.

INGREDIENTES:

1 plátano congelado

1 taza de piña

1 taza de col rizada

$\frac{1}{2}$ taza de agua de coco

1 cucharada de Proteína en Polvo a Base de Plantas 22 Días

PREPARACIÓN:

1. Licua los ingredientes hasta obtener una consistencia uniforme.

2. Sirve y ¡disfruta!

POR PORCIÓN: 337 calorías, 21 gramos de proteína, 62 gramos de carbohidratos, 4 gramos de grasa total

GOLPE DE PROTEÍNAS

TIEMPO DE PREPARACIÓN: 5 min

TIEMPO DE COCCIÓN: 0 min

TIEMPO TOTAL: 5 min

RINDE 2 PORCIONES

La espirulina es un alga llena de proteínas, hierro y ácidos grasos omega, y contiene más calcio que la leche de vaca.

INGREDIENTES:

1 plátano congelado

1 taza de zarzamoras o moras azules

1 taza de col rizada

1 taza de espinaca

jugo de 1 limón

1 taza de agua de coco

1 cucharadita de espirulina

1 cucharada de Proteína en Polvo a Base de Plantas 22 Días sabor vainilla

PREPARACIÓN:

1. Licua los ingredientes hasta obtener una consistencia uniforme.

2. Sirve y ¡disfruta!

POR PORCIÓN: 182 calorías, 12 gramos de proteína, 33 gramos de carbohidratos, 2 gramos de grasa total

JUGO RADIANTE DE BETABEL

PREPARACIÓN:

Combina todos los ingredientes en una máquina para hacer jugos y ¡disfruta!

POR PORCIÓN: 84 calorías, 2 gramos de proteína, 20 gramos de carbohidratos, 0 gramos de grasa total

TIEMPO DE PREPARACIÓN: 10 min
TIEMPO DE COCCIÓN: 0 min
TIEMPO TOTAL: 10 min

RINDE 2 PORCIONES

El betabel es muy nutritivo gracias a sus altos niveles de folato, manganeso, cobre, fósforo, zinc, vitaminas A, B_6 y C, potasio, calcio, hierro, fibra y proteínas. Si necesitas más razones para incluir al betabel en tu dieta: te da vigor y resistencia, combate la inflamación, relaja los nervios, cura la anemia, reduce la presión arterial, purifica el organismo y tiene propiedades que te protegen contra el cáncer.

INGREDIENTES:

2 betabeles pequeños

2 zanahorias

1 naranja, pelada

1 centímetro de cúrcuma

1 centímetro de jengibre

LIGERO

JUGO PARA REINICIAR

TIEMPO DE PREPARACIÓN: 10 min

TIEMPO DE COCCIÓN: 0 min

TIEMPO TOTAL: 10 min

RINDE 2 PORCIONES

La papaya puede reducir el riesgo de padecer enfermedades cardiacas, diabetes y cáncer. También reduce el colesterol, aumenta la inmunidad, mejora la digestión, protege contra la artritis, ayuda a reducir la presión arterial y es excelente para reducir el estrés.

INGREDIENTES:

1 piña pequeña pelada, descarozada y rebanada

1 papaya madura pelada, despepitada y rebanada

1 toronja, pelada

1 limón, pelado

1 centímetro de jengibre

PREPARACIÓN:

Combina todos los ingredientes en una máquina para hacer jugos y ¡disfruta!

POR PORCIÓN: 224 calorías, 3 gramos de proteína, 64 gramos de carbohidratos, 1 gramo de grasa total

JUGO PARA REJUVENECER

TIEMPO DE PREPARACIÓN: 10 min

TIEMPO DE COCCIÓN: 0 min

TIEMPO TOTAL: 10 min

RINDE 1 PORCIÓN

Este jugo rejuvenecedor es ideal para la piel.

Las zarzamoras y las moras azules están llenas de antioxidantes polifenólicos que luchan contra los radicales libres y ayudan a regular el flujo de sangre hacia la piel. Te dejará un brillo juvenil. La menta rejuvenece y refresca la piel, y contiene ácido salicílico, un compuesto que combate el acné. Los berros nutren tu piel y son un poderoso agente de limpieza para eliminar toxinas y líquidos excesivos. El pepino es un diurético natural con propiedades de enfriamiento que reducen la inflamación y devuelven el color natural a la piel. El limón siempre ha sido una superestrella por muchos motivos, en especial por ser un digestivo natural y por su capacidad para limpiar el hígado.

INGREDIENTES:

1 taza de zarzamoras

1 taza de moras azules

1 taza de berros

1 pepino pequeño

4 hojas de menta

1 limón, pelado

PREPARACIÓN:

Combina todos los ingredientes en una máquina para hacer jugos y ¡disfruta!

POR PORCIÓN: 184 calorías, 5 gramos de proteína, 44 gramos de carbohidratos, 2 gramos de grasa total

DESAYUNO INDULGENTE

(400 CALORÍAS O MÁS)

A mi esposa y a mí nos gusta levantarnos temprano. Las mañanas nos encantan y ¡a nuestros hijos también! A veces bailamos por la casa o a veces salimos a correr, a andar en bici o a caminar antes de llevarlos a la escuela. El desayuno es sin duda uno de nuestros momentos favoritos del día, es cuando cargamos energía para nuestras actividades familiares. Los siguientes desayunos están diseñados para marcar el ritmo del día; la pauta de la salud óptima.

Sushi de plátano 109

Pudín de plátano y chocolate con proteínas 110

Desayuno de quinoa 113

Avena de pera con canela 114

Cereal 117

Parfait de yogur de coco 118

Tazón de desayuno licuado 121

Licuado de chocolate de ensueño 122

Licuado dulce de col rizada 125

Recargador de energía 126

Tartine con hummus de frijol negro y aguacate 129

SUSHI DE PLÁTANO

TIEMPO DE PREPARACIÓN: 10 min

TIEMPO DE COCCIÓN: 0 min

TIEMPO TOTAL: 10 min

RINDE 1 PORCIÓN

Aunque no lo creas, el sushi y el plátano tienen algo en común. Lo descubrí mientras buscaba una manera creativa de servirles plátanos a mis hijos antes de llevarlos a la escuela. Los plátanos tienen altos niveles de triptófano, que el cerebro convierte en serotonina (un neurotransmisor que controla el estado de ánimo), y potasio, que ayuda a evitar los calambres. El plátano es uno de los mejores alimentos para asegurar un día lleno de salud y felicidad.

INGREDIENTES:

1 plátano grande

2 cucharadas de mantequilla de almendras o de semillas de girasol

2 cucharadas de semillas de cáñamo sin cáscara o de ajonjolí

2 cucharadas de pistaches

PREPARACIÓN:

1. Pela el plátano y cólocalo sobre papel para hornear.

2. Unta la mantequilla equitativamente sobre la superficie del plátano, de un extremo a otro.

3. Esparce las semillas de cáñamo y los pistaches sobre la superficie cubierta del plátano.

4. Rebana el plátano en partes iguales y congélalo durante un par de horas.

CONSEJO: En caso de no consumirlo el mismo día, traslada el sushi de plátano a un contenedor hermético para evitar que se pegue al papel para hornear.

POR PORCIÓN: 506 calorías, 18 gramos de proteína, 45 gramos de carbohidratos, 34 gramos de grasa total

PUDÍN DE PLÁTANO Y CHOCOLATE CON PROTEÍNAS

TIEMPO DE PREPARACIÓN: 10 min

TIEMPO DE COCCIÓN: 0 min

TIEMPO TOTAL: 10 min

RINDE 1 PORCIÓN

Si te gusta hacer ejercicio antes de desayunar, este pudín te va a encantar. En realidad es un licuado convertido en pudín, pero ¡es perfecto para recuperarte después del ejercicio! Chocolate y proteína. ¿Qué más puede pedir un atleta? Y para terminar de consentirte, agrega una cucharada de crema batida de coco (receta en la página 338).

INGREDIENTES:

½ taza de leche endulzada de almendras y vainilla, o de otro sustituto de leche no láctea

1 plátano congelado

1 cucharada de miel de maple

1 cucharada de polvo de cacao, y un poco más para espolvorear al final

1 cucharada de mantequilla de almendras o de otra mantequilla de nuez

1 cucharada de Proteína en Polvo a Base de Plantas 22 Días

fresas rebanadas, para acompañar

PREPARACIÓN:

1. Licua todos los ingredientes, o mézclalos en un procesador de alimentos hasta obtener una consistencia cremosa. Tal vez sea necesario despegar los ingredientes del interior de la licuadora con una espátula.

2. Sirve con fresas frescas, espolvorea con un poco de polvo de cacao y ¡disfruta!

POR PORCIÓN: 436 calorías, 22 gramos de proteína, 61 gramos de carbohidratos, 13 gramos de grasa total

DESAYUNO DE QUINOA

TIEMPO DE PREPARACIÓN: 5 min

TIEMPO DE COCCIÓN: 20 min

TIEMPO TOTAL: 25 min

RINDE 2 PORCIONES

La quinoa es un grano antiguo y es una de las únicas plantas que podemos considerar proteínas completas (tiene todos los aminoácidos esenciales). Por ello es el alimento perfecto. Este desayuno, aparte de ser abundante, cuenta con todos los antioxidantes y proteínas que necesitas para iniciar tu día.

INGREDIENTES:

1 taza de quinoa seca

¾ de taza de agua

1 taza de leche endulzada de almendras y vainilla, o de otro sustituto de leche no láctea

½ cucharadita de canela

½ cucharadita de sal

1 taza de moras frescas

PREPARACIÓN:

1. Enjuaga la quinoa en un colador.

2. Coloca todos los ingredientes, excepto las moras, en una olla pequeña y cocina a fuego lento.

3. Cubre y deja la olla a fuego lento entre 15 y 20 minutos.

4. Sirve la quinoa caliente o fría con las moras frescas.

VARIACIONES:

▶ *Quinoa de desayuno con plátano y mantequilla de almendras (rinde 2 porciones):* Además de los ingredientes anteriores, agrega ¼ de cucharadita de nuez moscada y 1 cucharadita de vainilla a la olla que contiene la quinoa. En lugar de cubrir con moras, cubre cada plato con ½ cucharada de mantequilla de almendras (con trozos de almendra), ½ plátano rebanado y ½ cucharada de nueces pecanas.

▶ *Tazón de quinoa de almendra y vainilla (rinde dos porciones):* Si sobra quinoa, conviértela en un tazón de desayuno. Vierte la leche de almendras y vainilla y la canela (de la receta original) en una olla y agrega ¼ de cucharadita de nuez moscada y ¾ de cucharada de miel de maple. Revuelve a fuego lento hasta que se calienten los ingredientes y mezcla bien. Cubre cada porción con 1 cucharada de almendras rebanadas y ½ taza de mora azul.

POR PORCIÓN: 401 calorías, 13 gramos de proteína, 74 gramos de carbohidratos, 7 gramos de grasa total

AVENA DE PERA CON CANELA

TIEMPO DE PREPARACIÓN: 5 min
TIEMPO DE COCCIÓN: 5 min
TIEMPO TOTAL: 10 min

RINDE 1 PORCIÓN

La canela es uno de esos ingredientes que sirve para todo, desde reducir la presión arterial hasta aliviar espasmos musculares, resfriados comunes y disfunción eréctil. Para esta receta, la canela hace equipo con las peras en un desayuno que marcará el paso para un gran día.

INGREDIENTES:

½ taza de avena sin gluten

1 taza de leche endulzada de almendras y vainilla, o de otro sustituto de leche no láctea

1 cucharada de mantequilla de almendras

1 cucharadita de linaza, molida

½ pera pequeña, pelada y rebanada en cubitos

1 cucharada de almendras rebanadas

1 pizca de canela

PREPARACIÓN:

1. Combina la avena y la leche de almendras en una olla pequeña a fuego lento.

2. Caliéntala durante algunos minutos y revuelve con frecuencia.

3. Cuando la avena aumente de espesor, añádele la mantequilla de almendras, la linaza molida y la pera en cubitos. Revuelve unos minutos más.

4. Retira del fuego y sirve con almendras y canela espolvoreada. ¡Disfruta!

VARIACIONES:

▶ *Avena de maple con nueces pecanas (rinde 2 porciones):* Añade a la olla ½ taza más de avena, 1 cucharada de nueces pecanas molidas y 1 taza de agua. Sirve cada porción cubierta con ½ plátano rebanado, ¼ de taza de mora azul, 1 cucharada de nueces pecanas y 1 cucharada de miel de maple.

▶ *Tazón rápido de avena con proteínas (rinde 1 porción):* Licua un plátano grande, ¼ de cucharadita de canela, 1 taza de leche endulzada de almendras, 2 cucharadas de semillas de chía y 1 cucharada de Proteína en Polvo a Base de Plantas 22 Días (del sabor que prefieras), hasta obtener una mezcla consistente. En una olla pequeña calienta un poco de mezcla de proteínas y ½ taza de avena a fuego medio-bajo. Cubre con moras frescas y nueces.

POR PORCIÓN: 499 calorías, 12 gramos de proteína, 74 gramos de carbohidratos, 18 gramos de grasa total

CEREAL

TIEMPO DE PREPARACIÓN: 5 min

TIEMPO DE COCCIÓN: 10 min

TIEMPO TOTAL: 15 min (más una noche de refrigeración)

RINDE 8 PORCIONES

(DE ¾ DE TAZA CADA UNA)

Este cereal, que contiene poca grasa y está lleno de nutrientes, es la mejor manera de iniciar el día. Hemos agregado pasas doradas y arándanos por su dulzura natural y por la dosis de fibra, que te llenará.

INGREDIENTES:

$3^2/_3$ tazas de hojuelas de avena

$^1/_2$ taza de arándano

$^1/_3$ de taza de pasas doradas

$^1/_3$ de taza de semillas de girasol

$^1/_3$ de taza de semillas de calabaza

$^1/_3$ de taza de almendras rebanadas

$^1/_4$ de taza de nueces de Castilla, picadas

$^1/_4$ de taza de nueces de la India, picadas

$^1/_2$ cucharadita de canela en polvo

PREPARACIÓN:

1. Precalienta el horno a 180 °C.

2. Hornea la avena de 5 a 10 minutos en una bandeja, hasta dorarla.

3. Retira la avena del horno y déjala enfriar.

4. En un recipiente grande combina la avena con el resto de los ingredientes. Conserva esta mezcla en un recipiente hermético.

5. Sirve ¾ de taza de cereal con ½ taza de leche de almendras en un tazón y ¡disfruta! Si gustas, agrega tu fruta preferida.

POR PORCIÓN: 482 calorías, 17 gramos de proteína, 68 gramos de carbohidratos, 17 gramos de grasa total

PARFAIT DE YOGUR DE COCO

TIEMPO DE PREPARACIÓN: 20 min

TIEMPO DE COCCIÓN: 20 min

TIEMPO TOTAL: 40 min (incluye el tiempo de la receta de granola, pero no incluye una noche de refrigeración de la leche de coco)

RINDE 4 PORCIONES

Con esta bella y saludable receta, las mañanas se vuelven complacientes sin dejar de nutrir al cuerpo.

INGREDIENTES PARA LA MERMELADA DE FRAMBUESA:

$1^1/_2$ tazas de frambuesas

2 cucharadas de miel de maple

INGREDIENTES PARA EL YOGUR DE COCO

2 latas de leche entera de coco

$1/_4$ de taza de agua de coco (separada de la leche de coco; ver la preparación para las instrucciones)

1 cucharadita de probióticos en polvo

1 cucharadita de extracto de vainilla

INGREDIENTES PARA EL PARFAIT:

yogur de coco

1 taza de granola (ver receta en la página 74)

$1/_2$ taza de frambuesas

PREPARACIÓN:

1. Para preparar la mermelada de frambuesa: en un recipiente machaca las frambuesas con un tenedor y mezcla con la miel de maple.

2. Para preparar la leche de coco: refrigérala durante una noche. Separa la crema de coco sólida de cada lata y aparta ¼ del agua restante.

3. Para preparar el yogur de coco: vierte la crema de coco, los probióticos en polvo y la miel de maple en una licuadora o procesador. Añade una cucharada de agua de coco a la vez, hasta obtener la consistencia deseada.

4. Refrigera el yogur en un contenedor hermético. Si lo preparas por adelantado, almacénalo de 2 a 3 días en el refrigerador.

5. Sirve el parfait en vasos o frascos, formando capas en el siguiente orden: yogur de coco, 2 cucharadas de granola, mermelada de frambuesa. Repite el mismo orden una vez más: yogur de coco, 2 cucharadas de Granola, mermelada de frambuesa.

POR PORCIÓN: 526 calorías, 7 gramos de proteína, 44 gramos de carbohidratos, 39 gramos de grasa total

TAZÓN DE DESAYUNO LICUADO

TIEMPO DE PREPARACIÓN: 10 min
TIEMPO DE COCCIÓN: 0 min
TIEMPO TOTAL: 10 min
RINDE 1 PORCIÓN

Este tazón está lleno de nutrientes y es ideal para esos días de mucha prisa.

INGREDIENTES:

1 plátano congelado

½ taza de mora azul congelada

1 taza de espinacas frescas

¾ de taza de leche de almendras sin endulzar

2 cucharadas de semillas de calabaza

2 cucharadas de nueces pecanas

2 cucharadas de pistaches

6 zarzamoras frescas

PREPARACIÓN:

1. Licua el plátano, las moras azules, las espinacas y la leche de almendras.

2. Vierte el licuado en un tazón y esparce las semillas de calabaza, las nueces pecanas, los pistaches y las zarzamoras frescas en la superficie.

POR PORCIÓN: 538 calorías, 14 gramos de proteína, 69 gramos de carbohidratos, 27 gramos de grasa total

LICUADO DE CHOCOLATE DE ENSUEÑO

TIEMPO DE PREPARACIÓN: 5 min

TIEMPO DE COCCIÓN: 0 min

TIEMPO TOTAL: 5 min

RINDE 1 PORCIÓN

El chocolate es uno de los alimentos preferidos de la gente. Desafortunadamente, la mayoría de los licuados de chocolate están llenos de azúcar y contienen muy pocos nutrientes. Esta deliciosa receta es nutritiva y no contiene azúcar añadida.

INGREDIENTES:

1 taza de leche endulzada de almendras y vainilla

1 cucharada de Proteína en Polvo a Base de Plantas 22 Días sabor chocolate

1 plátano congelado o 1 plátano más 1 taza de hielo

1 cucharada de mantequilla de almendras

$1/2$ cucharada de cacao en polvo

$1/4$ de cucharadita de extracto de vainilla

1 cucharadita de chispas de chocolate veganas, como cobertura

PREPARACIÓN:

1. Licua todos los ingredientes, excepto las chispas de chocolate.

2. Sirve en un frasco y cubre con chispas de chocolate.

POR PORCIÓN: 450 calorías, 22 gramos de proteína, 57 gramos de carbohidratos, 16 gramos de grasa total

LICUADO DULCE DE COL RIZADA

TIEMPO DE PREPARACIÓN: 5 min

TIEMPO DE COCCIÓN: 0 min

TIEMPO TOTAL: 5 min

RINDE 1 PORCIÓN

Al ver los ingredientes de esta receta, seguramente te preguntarás: ¿col rizada con mora azul? Sí, en nuestra casa es uno de los favoritos y no dudo que en la tuya lo será también. A mí me gusta para recuperarme después de hacer ejercicio, pero también sirve como refrigerio o incluso como una comida ligera.

INGREDIENTES:

1 taza de leche de almendras sin endulzar

1 plátano congelado

½ taza de moras azules congeladas

1 taza de col rizada

1 cucharada copeteada de mantequilla de girasol

1 cucharada de Proteína en Polvo a Base de Plantas 22 Días

PREPARACIÓN:

1. Licua todos los ingredientes.

2. Sirve en un vaso y ¡disfruta!

POR PORCIÓN: 468 calorías, 24 gramos de proteína, 68 gramos de carbohidratos, 14 gramos de grasa total

RECARGADOR DE ENERGÍA

TIEMPO DE PREPARACIÓN: 10 min

TIEMPO DE COCCIÓN: 0 min

TIEMPO TOTAL: 10 min

RINDE 1 PORCIÓN

El betabel contiene vitamina C, fibra y potasio, y además aumenta el ácido nítrico del cuerpo, que sirve para mejorar el flujo sanguíneo, la resistencia física y la salud del corazón.

INGREDIENTES:

1 manzana verde, descarozada

2 centímetros de jengibre, pelado

2 limones, pelados

4 betabeles pequeños

1 taza de col rizada

2 zanahorias grandes

PREPARACIÓN:

Procesa todos los ingredientes en una máquina para jugos y ¡disfruta!

POR PORCIÓN: 406 calorías, 12 gramos de proteína, 97 gramos de carbohidratos, 2 gramos de grasa total

TARTINE CON HUMMUS DE FRIJOL NEGRO Y AGUACATE

TIEMPO DE PREPARACIÓN: 10 min
TIEMPO DE COCCIÓN: 5 min
TIEMPO TOTAL: 15 min

RINDE 2 PORCIONES

En Francia, una *tartine* es una especie de sándwich abierto que normalmente lleva algún ingrediente untado. Esta versión es un desayuno saludable que contiene fibra, ___to y vitamina B$_6$. Además, es ___ el corazón. Te preguntarás có- ___le que sea tan delicioso y sa- ___ tiempo.

___ES:

___s negros, escurridos y ___

___, molido

___ de tahini

jugo de 1 limón

1 cucharadita de comino, molido

1 pizca de pimienta de Cayena (opcional)

1 pizca de sal

1 pizca de pimienta negra, molida

4 rebanadas de tu pan vegano sin gluten preferido

$^1/_2$ aguacate Hass deshuesado, cortado por la mitad, pelado y rebanado

germinados frescos, para guarnición

PREPARACIÓN:

1. En un procesador de alimentos combina los frijoles, el ajo, el tahini, el jugo de limón, el comino, la pimienta de Cayena, la sal y la pimienta. Procesa hasta casi convertir la mezcla en una pasta uniforme.

2. Tuesta el pan y úntalo con la pasta de frijol. Cubre con aguacate y los germinados.

3. Sazona con sal y pimienta, al gusto.

POR PORCIÓN: 502 calorías, 17 gramos de proteína, 73 gramos de carbohidratos, 18 gramos de grasa total

COMIDAS, CENAS Y PLATOS FUERTES

ENTRE SEMANA realmente no hay mucho tiempo para convertir tu cena en un evento decadente. Pero la falta de tiempo no quiere decir que tu cena deba ser insípida. También hay días cuando comes con prisa porque estás demasiado ocupado. Es importante hacer tiempo para recargarte con comidas nutritivas. Todos nuestros platos de hierbas y especias despertarán tu paladar, mientras tu cuerpo se nutre de vitaminas y minerales. Hemos organizado estas recetas con cuidado para que puedas comer algo ligero o abundante, según prefieras en ese momento. Con estas recetas quedarás satisfecho sin sacrificar la nutrición, podrás bajar de peso y te sentirás increíble mientras descubres las maravillas de la comida a base de plantas.

Nuestros platos Nivel 1: Ligero, como los fideos de calabacín con aguacate y crema de albahaca y nuestra sopa de camote con garbanzo, tienen pocas calorías y mucho sabor. Nuestras comidas Nivel 2: Indulgente, como los coditos con queso y el tazón de arroz a la cubana, te darán toda la satisfacción de tus comidas favoritas además de la satisfacción adicional de saber que estás cumpliendo con tus objetivos de salud. Nuestros dips y guarniciones, como la machaca de coliflor o el guacamole, complementarán el sabor de tus comidas y te darán la energía extra que necesitas.

¡Invita a tus amigos a comer! ¡Invita a los amigos de tus hijos! ¡Demuéstrales a todos tus vecinos que la comida a base de plantas es deliciosa, rica, fácil y simplemente increíble!

ENSALADA DE ARÚGULA CON HIGOS

TIEMPO DE PREPARACIÓN: 10 min

TIEMPO DE COCCIÓN: 0 min

TIEMPO TOTAL: 10 min

RINDE 2 PORCIONES

Aquí tenemos una receta fácil y rápida que tiene mucho sabor. Los higos son una gran fuente de fibra, y además ayudan a reducir la presión arterial, disminuyen el riesgo de degeneración macular y protegen contra el cáncer de mama.

INGREDIENTES:

150 gramos de arúgula *baby* orgánica

6 higos, lavados y cortados en cuartos

jitomates *cherry* lavados y cortados por la mitad

1/4 de taza de nueces de Castilla, picadas

vinagreta balsámica cremosa (ver receta en la página 341)

PREPARACIÓN

1. Lava y escurre la arúgula en un colador.

2. Sirve con los higos, los jitomates y las nueces de Castilla.

3. ¡Agrega aderezo al gusto!

POR PORCIÓN CON 2 CUCHARADAS DE ADEREZO: 267 calorías, 7 gramos de proteína, 38 gramos de carbohidratos, 13 gramos de grasa total

ENSALADA ASIÁTICA CON ADEREZO DE CACAHUATE Y AJONJOLÍ

TIEMPO DE PREPARACIÓN: 20 min
TIEMPO DE COCCIÓN: 0 min
TIEMPO TOTAL: 20 min
RINDE 4 PORCIONES

La col contiene vitamina K, que reduce el riesgo de cáncer, y está llena de vitaminas y minerales. Esta ensalada asiática es deliciosa y ligera. Es tan buena que puedes servirla en grandes porciones cuando invites a tus amigos a cenar.

INGREDIENTES PARA EL ADEREZO:

2 cucharadas de mantequilla cremosa de cacahuate

2 cucharadas de aminos de coco

2 cucharadas de vinagre de arroz

1 cucharada de vinagre de sidra de manzana

1 cucharada de aceite de aguacate o agua

1 cucharadita de miel de maple

2 cucharaditas de ajonjolí negro

$1/8$ de cucharadita de ajo en polvo

$1/8$ de cucharadita de chile en polvo

INGREDIENTES PARA LA ENSALADA:

4 tazas de col de Saboya

3 tazas de col roja

1 taza de zanahoria rallada

1 pimiento rojo, descarozado, despepitado y rebanado

$1/3$ de taza de nueces de la India, en trozos enteros o picados, para esparcir

semillas de ajonjolí negro, para esparcir

PREPARACIÓN:

1. Para preparar el aderezo, mezcla todos los ingredientes con un batidor de mano. Para reducir el espesor del aderezo, añade 1 cucharada de agua a la vez hasta lograr la consistencia deseada. Prueba el sazón antes de agregar más sal y pimienta. Prepara el aderezo por adelantado y almacénalo en un contenedor hermético hasta por una semana.

2. En un recipiente mezcla la col, las zanahorias y los pimientos. Añade el aderezo y combina la ensalada.

3. Coloca la ensalada en una ensaladera, agrega las nueces de la India, el ajonjolí y ¡disfruta!

POR PORCIÓN: 237 calorías, 7 gramos de proteína, 26 gramos de carbohidratos, 15 gramos de grasa total

VERDURAS BALSÁMICAS

TIEMPO DE PREPARACIÓN: 15 min

TIEMPO DE COCCIÓN: 10 min

TIEMPO TOTAL: 25 min

RINDE 4 PORCIONES

¿Te gustaría incorporar más verduras en tu dieta? No busques más. Este plato es realmente versátil y a tu familia le encantará en cualquier época del año. Si quieres, agrega verduras de temporada para mantener la frescura.

INGREDIENTES:

1 manojo de espárragos, cortados en trozos de 4 centímetros

1 cabeza de brócoli, desmenuzado en secciones pequeñas

4 calabacines, rebanados por la mitad y cortados

1 pimiento naranja o rojo, rebanado

4 zanahorias grandes, cortadas y rebanadas en tiras delgadas

6 cucharadas de vinagre balsámico

4 cucharadas de aminos de coco

sal de mar, al gusto

pimienta negra, molida, al gusto

un manojo de espinacas

PREPARACIÓN:

1. Cuece todas las verduras, excepto las espinacas, al vapor de 7 a 10 minutos.

2. Escurre las verduras y revuélvelas en un recipiente con el vinagre y los aminos de coco. Sazona con sal y pimienta.

3. Sirve las verduras con aderezo sobre una cama de espinacas y ¡disfruta!

POR PORCIÓN: 128 calorías, 6 gramos de proteína, 25 gramos de carbohidratos, 1 gramo de grasa total

ENSALADA DE BETABEL CON PERA Y NUECES PECANAS ACARAME- LADAS

TIEMPO DE PREPARACIÓN: 15 min

TIEMPO DE COCCIÓN: 30 min

TIEMPO TOTAL: 45 min

RINDE 4 PORCIONES

¡Betabel y queso! La arúgula contiene vitaminas A y K, además de vitamina C, folato y fibra, que tienen muy pocas calorías y son la combinación perfecta de sabor y nutrición.

INGREDIENTES:

4 betabeles pequeños

150 gramos de arúgula o espinaca baby orgánica

1 pera madura, rebanada en trozos largos

$\frac{1}{4}$ de queso de nueces de la India (ver receta en la página 334)

$\frac{1}{2}$ taza de nueces pecanas acarameladas (ver receta en la página 251)

microgerminados, para acompañar

vinagreta balsámica (ver receta en la página 325)

PREPARACIÓN:

1. Limpia bien los betabeles y cuécelos al vapor por 30 minutos, hasta que estén suaves.

2. Enfría los betabeles y frótalos suavemente para remover la piel. Rebánalos y déjalos a un lado por un momento.

3. Sirve la arúgula o las espinacas en un plato. Coloca encima los betabeles rebanados, la pera y 2 cucharadas de queso de nueces de la India, las nueces pecanas acarameladas y los microgerminados.

4. Sirve con un poco de aderezo y ¡disfruta!

POR PORCIÓN CON 2 CUCHARADAS DE ADEREZO: 143 calorías, 4 gramos de proteína, 20 gramos de carbohidratos, 6 gramos de grasa total

ENSALADA DE LENTEJAS BELUGA

TIEMPO DE PREPARACIÓN: 10 min

TIEMPO DE COCCIÓN: 25 min

TIEMPO TOTAL: 35 min

RINDE 2 PORCIONES

Las lentejas negras (como las lentejas beluga) tienen un sabor delicado y mayor firmeza que las lentejas normales. Estas pequeñas bellezas están llenas de proteína y tienen una cantidad impresionante de vitaminas y minerales. Son el ingrediente ideal para cualquier comida del día.

INGREDIENTES:

1 taza de lentejas beluga, enjuagadas

4 cucharadas de vinagre balsámico

2 cucharadas de jugo de limón

1 calabacín, picado

$\frac{1}{4}$ de jitomates deshidratados, picados

$\frac{1}{4}$ de taza de jitomates uva, rebanados

$\frac{1}{4}$ de taza de pimiento verde y rojo, rebanado

sal de mar, al gusto

pimienta negra, al gusto

1 diente de ajo, machacado (opcional)

PREPARACIÓN:

1. Calienta las lentejas en 4 tazas de agua hasta que hiervan, y luego reduce el fuego. Cuécelas entre 20 y 25 minutos, hasta que estén suaves.

2. Combina el resto de los ingredientes en un recipiente. Incorpora las lentejas con cuidado.

3. Espera a que la ensalada esté fría antes de servir (refrigérala, si es posible).

POR PORCIÓN: 204 calorías, 14 gramos de proteína, 36 gramos de carbohidratos, 1 gramo de grasa total

ENSALADA DE COLES DE BRUSELAS

TIEMPO DE PREPARACIÓN: 20 min

TIEMPO DE COCCIÓN: 0 min

TIEMPO TOTAL: 20 min

RINDE 4 PORCIONES

Esta ensalada es una de mis favoritas. Las coles de Bruselas son una excelente fuente de vitaminas C, B$_6$ y K, además de folato, manganeso, fibra, potasio y hierro, por mencionar algunos. Es una ensalada sencilla y te aportará muchos beneficios.

INGREDIENTES:

$^1/_2$ kilo de coles de Bruselas (entre 25 y 30), lavadas, sin tallo y ralladas (aproximadamente 4 tazas)

vinagreta balsámica (ver receta en la página 325)

1 aguacate Hass cortado por la mitad, deshuesado, pelado y picado

$^1/_3$ de taza de nueces de Castilla, picadas

$^1/_3$ de taza de arándanos

vinagreta balsámica cremosa (ver receta en la página 341)

PREPARACIÓN:

1. Con un cuchillo filoso corta las coles por la mitad. Rebana finamente con un rebanador mandolín o un cuchillo filoso.

2. Coloca las coles en un recipiente, agrega ¼ de taza de vinagreta balsámica (o al gusto) y revuelve.

3. En una ensaladera o en 4 platos individuales sirve una capa de coles y agrega el aguacate, las nueces de Castilla y los arándanos.

4. Adereza con vinagreta balsámica cremosa y ¡sirve!

POR PORCIÓN CON 2 CUCHARADAS DE VINAGRETA BALSÁMICA CREMOSA: 250 calorías, 7 gramos de proteína, 30 gramos de carbohidratos, 13 gramos de grasa total

ENSALADA DE AGUACATE Y RÁBANO

PREPARACIÓN:

Combina todos los ingredientes cuidadosamente en un recipiente y ¡sirve!

POR PORCIÓN: 201 calorías, 3 gramos de proteína, 12 gramos de carbohidratos, 17 gramos de grasa total

TIEMPO DE PREPARACIÓN: 15 min

TIEMPO DE COCCIÓN: 0 min

TIEMPO TOTAL: 15 min

RINDE 2 PORCIONES

Esta ensalada no es muy grande, pero tiene mucho sabor. Aparte de ser hermosa y deliciosa, está llena de beneficios para tu salud. Los rábanos protegen contra el cáncer y las infecciones virales, y además asisten en la digestión. También tienen propiedades purificadoras. Los aguacates son una fabulosa fuente de potasio, vitaminas B_5, B_6, E, C y K, además de folato.

INGREDIENTES:

2 tazas de microgerminados o de arúgula

2 tazas de rábano, picado

1 aguacate Hass cortado por la mitad, deshuesado, pelado y picado

1 cucharada de aceite de oliva extra virgen

jugo de un limón

pimienta negra, al gusto

sal de mar, al gusto

ENSALADA DE VERDURAS PICADAS

TIEMPO DE PREPARACIÓN: 30 min

TIEMPO DE COCCIÓN: 0 min

TIEMPO TOTAL: 30 min

RINDE 2 PORCIONES

Esta ensalada fácil y deliciosa te ayudará a alcanzar el consumo recomendado de verduras por día. Es sencilla y puedes variar los ingredientes a tu gusto.

INGREDIENTES:

1 lata de garbanzos, escurridos y enjuagados

1 pimiento verde lavado, despepitado y finamente picado

1 pimiento rojo lavado, despepitado y finamente picado

1 tallo de apio, finamente picado

1 taza de perejil rizado, finamente picado

1 cebollín, en rebanadas finas

2 manojos de espinacas, picadas

hojas de perejil, para decorar

aderezo de tahini (ver receta en la página 358)

PREPARACIÓN:

1. Vacía el líquido de los garbanzos y enjuágalos.

2. En un recipiente combina los garbanzos, los pimientos, el apio, el perejil y el cebollín.

3. Sirve las verduras en un plato sobre una capa de espinacas y cubre con perejil.

4. Agrega un poco de aderezo de tahini y ¡disfruta!

POR PORCIÓN CON 2 CUCHARADAS DE ADEREZO: 252 calorías, 12 gramos de proteína, 38 gramos de carbohidratos, 7 gramos de grasa total

SOPA DE FRIJOLES NEGROS

TIEMPO DE PREPARACIÓN: 10 min

TIEMPO DE COCCIÓN: 2 h 30 min

TIEMPO TOTAL: 2 h 40 min

RINDE 4 PORCIONES

Esta deliciosa sopa te dejará satisfecho. Disfrútala con pico de gallo o con una guarnición de arroz integral y aguacate rebanado. Si gustas, duplica las cantidades de esta receta, porque toma un poco de tiempo, y siempre tiene mejor sabor al día siguiente. Almacena las sobras en el refrigerador hasta una semana o hasta tres semanas en el congelador. Caliéntala a fuego lento.

INGREDIENTES:

1 lata de frijoles negros, enjuagada y remojada en 3 o 4 tazas de agua durante una noche

1 cucharada de aceite de canola o del aceite de tu preferencia

1 cebolla pequeña, finamente picada (aproximadamente $1/2$ taza)

1 diente de ajo, machacado

$3/4$ de cucharadita de sal, o al gusto

1 pimiento mediano, despepitado, descarozado y finamente picado (aproximadamente 1 taza)

1 cucharada de comino molido

pico de gallo (ver receta en la página 263)

PREPARACIÓN:

1. Vacía el líquido de los frijoles y enjuágalos.

2. Vierte los frijoles en una olla y hiérvelos con el agua justa para cubrirlos.

3. Reduce el fuego a medio-bajo, cubre la olla y cocina los frijoles hasta por 2 horas. Revuélvelos de vez en cuando y remueve la espuma blanca que se forma en la superficie. Añade más agua si los frijoles se ven secos.

4. Cuando los frijoles estén suaves, calienta las cebollas con el aceite en una sartén a fuego medio-alto durante cinco minutos o hasta que la cebolla esté transparente. Agrega los pimientos, el comino y añade un poco de sal de mar.

5. Cuando las verduras estén suaves, viértelas en la olla de frijoles y prueba la sopa por si necesita más sal.

6. Cocina durante 30 minutos más. Para obtener una sopa cremosa, la base de frijol debe quedar espesa y no aguada.

7. Cuando los frijoles estén suaves, sirve con un poco de pico de gallo.

POR PORCIÓN: 115 calorías, 5 gramos de proteína, 17 gramos de carbohidratos, 4 gramos de grasa total

LIGERO

SOPA DE GARBANZOS

TIEMPO DE PREPARACIÓN: 10 min

TIEMPO DE COCCIÓN: 25 min

TIEMPO TOTAL: 35 min

RINDE 6 PORCIONES

Ésta es una sopa fácil y rápida que quedará lista en 35 minutos.

INGREDIENTES:

3 tazas de caldo vegetal (sin sal o bajo en sodio)

3 tazas de agua

2 papas Yukon o Russet medianas, peladas y cortadas en cubos (aproximadamente 4 tazas)

1 cebolla pequeña, pelada y cortada por la mitad

1 diente de ajo, machacado

1 cucharada de comino, molido

$1\frac{1}{2}$ cucharaditas de sal de mar, o al gusto

$\frac{1}{2}$ cucharadita de pimienta negra, molida

1 lata de 400 g de garbanzos, escurridos y enjuagados (de 3 a $3\frac{1}{2}$ tazas, aproximadamente)

PREPARACIÓN:

1. Hierve el caldo vegetal y 3 tazas de agua.

2. Añade los cubitos de papa y la cebolla a la olla hirviente.

3. Añade y revuelve el ajo, el comino, la sal y la pimienta.

4. Hierve a fuego lento durante 15 minutos, hasta que las papas estén suaves.

5. Traslada la cebolla y la mitad de las papas a una licuadora. Licua con 1 lata de garbanzos, hasta obtener una mezcla cremosa.

6. Devuelve la mezcla licuada a la olla y añade el resto de los garbanzos.

7. Hierve a fuego lento durante 5 a 10 minutos más. No olvides revolver la sopa un par de veces. Prueba el sazón y agrega sal si es necesario.

8. Sirve la sopa en tazones y ¡disfruta! Agrega espinacas o alguna otra verdura antes de servir.

CONSEJO: Almacena los sobrantes en un contenedor hermético durante una semana o consérvalas hasta por un mes dentro del congelador.

POR PORCIÓN: 191 calorías, 7 gramos de proteína, 36 gramos de carbohidratos, 2 gramos de grasa total

RICA SOPA DE JITOMATE

TIEMPO DE PREPARACIÓN: 10 min

TIEMPO DE COCCIÓN: 30 min

TIEMPO TOTAL: 40 min

RINDE 6 PORCIONES

Esta receta se puede disfrutar sola o acompañada de rebanadas de aguate o una cucharada de queso de nueces de la India.

INGREDIENTES:

8 jitomates grandes, lavados, descarozados y picados

2 pimientos verdes, lavados, despepitados y picados

$\frac{1}{4}$ de taza de hojas de albahaca picadas, para servir al final

1 cebolla mediana, picada

1 diente de ajo

$\frac{1}{2}$ cucharadita de sal de mar, o al gusto

1 pizca de pimienta de Cayena

albahaca, para acompañar

queso de nueces de la India (opcional) (ver receta en la página 334)

PREPARACIÓN:

1. Licua todos los ingredientes hasta obtener una consistencia uniforme. Si no caben todos los ingredientes, lícualos por tandas.

2. Vierte los contenidos licuados en una olla y hierve a fuego lento, revolviendo con frecuencia, de 25 a 30 minutos. Elimina la espuma que se forma en la superficie. La sopa se oscurecerá mientras se cuece. Prueba y ajusta el sazón si es necesario.

3. Sirve con una cucharada de queso de nueces de la India (opcional) y con un poco de albahaca fresca y ¡disfruta!

CONSEJO: Almacena el sobrante en un contenedor hermético durante una semana o consérvalas hasta un mes dentro del congelador. Esta sopa se conserva más fresca en contenedores individuales. De esta manera, sólo calientas la sopa que vas a requerir.

POR PORCIÓN: 75 calorías, 3 gramos de proteína, 16 gramos de carbohidratos, 1 gramo de grasa total

CREMA DE COL RIZADA

TIEMPO DE PREPARACIÓN: 10 min

TIEMPO DE COCCIÓN: 20 min

TIEMPO TOTAL: 30 min

RINDE 6 PORCIONES

Esta crema de col rizada te hará feliz con su sabor y se volverá un plato favorito en tu hogar. La col rizada es una de las comidas más nutritivas que hay. Tiene vitaminas A, B_6, C y K, manganeso, calcio, potasio, magnesio y ácido linolénico omega 3.

INGREDIENTES:

1 cucharada más 1 cucharadita de aceite de oliva o del aceite de tu preferencia

1 cebolla pequeña, picada

1 diente de ajo, machacado

¾ cucharadita de sal de mar, o al gusto

1 cabeza de coliflor, cortada en ramitos

1 manojo grande de col rizada sin tallos, picada; reserva 1 o 2 tazas para servir al final

6 tazas de caldo vegetal (sin sal o bajo en sodio)

PREPARACIÓN:

1. Precalienta el horno a 180 °C y cubre una bandeja para hornear con papel para hornear.

2. Calienta 1 cucharada de aceite de oliva en una olla grande a fuego medio-alto. Añade las cebollas, el ajo y una pizca de sal, y sofríe hasta que las cebollas se transparenten.

3. Añade la coliflor y aproximadamente ½ cucharadita de sal. Sofríe durante 5 minutos más.

4. Añade la col rizada, salvo las 2 tazas que servirán para hacer chips de col rizada. Agrega el caldo vegetal y hierve.

5. Hierve a fuego lento de 5 a 10 minutos, hasta que la coliflor se suavice.

6. Para preparar el resto de la col rizada, fríela en una sartén con una cucharada de aceite de oliva y el resto de la sal de mar. Retira del fuego y hornea durante 20 minutos o hasta obtener hojuelas crujientes.

7. Cuando la sopa se enfríe un poco, licúala en porciones pequeñas hasta obtener una mezcla uniforme y cremosa.

8. Devuelve la sopa cremosa a la olla y hierve a fuego lento unos minutos más. Prueba la crema y ajusta el sazón, si es necesario.

9. Sirve en tazones, acompañada de las hojuelas de col rizada.

CONSEJO: Esta crema también es deliciosa con chips de col rizada con queso (ver la receta en la página 283).

POR PORCIÓN: 71 calorías, 4 gramos de proteína, 12 gramos de carbohidratos, 2 gramos de grasa total

CREMA DE CAMOTE CON GARBANZO

2 camotes medianos, cortados en cubos (aproximadamente 4 tazas)

2 cucharaditas de comino, molido

$1/2$ cucharadita de pimienta negra, molida

$1/4$ de cucharadita de jengibre en polvo

6 tazas de caldo vegetal (sin sal o bajo en sodio)

1 lata de garbanzos, escurridos y enjuagados

microgerminados, para acompañar

TIEMPO DE PREPARACIÓN: 5 min

TIEMPO DE COCCIÓN: 30 min

TIEMPO TOTAL: 35 min

RINDE 6 PORCIONES

Esta crema es la unión perfecta de sabores dulces y salados. Los camotes están entre los alimentos con menor índice glucémico y contienen una larga lista de nutrientes. Están llenos de calcio y vitamina A y C.

A nosotros nos gusta esta receta con garbanzos crujientes (ver receta en la página 256), o con cubitos de aguacate para aumentar el sabor y la consistencia.

INGREDIENTES:

1 cucharada de aceite de canola o del aceite de tu preferencia

1 cebolla pequeña, picada

1 diente de ajo, machacado

$1/2$ cucharadita de sal de mar, o al gusto

PREPARACIÓN:

1. Calienta el aceite en una olla grande a fuego medio y añade el ajo y la cebolla con una pizca de sal. Saltea hasta que la cebolla se vuelva transparente.

2. Agrega los camotes, la sal de mar y las especias, y cuece durante 5 minutos.

3. Añade el caldo vegetal.

4. Hierve a fuego medio de 20 a 25 minutos, hasta que los camotes se suavicen. Retira la olla del fuego y enfría la sopa por un momento.

5. Licua la mezcla por partes con los garbanzos hasta obtener una crema espesa y cremosa.

6. Devuelve la crema a la olla y hierve a fuego lento unos minutos más. Pruébala y agrega sazón si es necesario. Si está demasiado espesa, añade más caldo vegetal.

Continúa la receta

7. Sirve acompañada de microgerminados y ¡disfruta!

CONSEJO: El sobrante se conservará un par de días en el refrigerador o hasta un mes en el congelador.

POR PORCIÓN: 133 calorías, 4 gramos de proteína, 22 gramos de carbohidratos, 3 gramos de grasa total

FIDEOS DE CALABACITA CON AGUACATE Y CREMA DE ALBAHACA

TIEMPO DE PREPARACIÓN: 15 min (no incluye el tiempo de preparación del queso parmesano)

TIEMPO DE COCCIÓN: 10 min

TIEMPO TOTAL: 25 min

RINDE 4 PORCIONES

¡Esta pasta cruda de calabacita es una excelente fuente de manganeso, vitamina C y fibra! Es una gran opción si tienes poco tiempo pero no quieres sacrificar el sabor.

INGREDIENTES:

2 calabacitas grandes

1 aguacate Hass deshuesado, pelado y rebanado en cubitos

jugo de 1 limón

½ taza de hojas de albahaca picadas, reserva un poco para servir al final

1 pizca de cebolla en polvo

1 pizca de ajo en polvo

¼ - ½ cucharadita de sal de mar, o al gusto

jitomates cherry, cortados por la mitad, para acompañar

queso parmesano, al gusto (ver receta en la página 354)

PREPARACIÓN:

1. Lava la calabacita, corta y desecha los extremos y rebana con un pelador en juliana o con un espiralizador. Hazla a un lado mientras preparas la salsa.

2. Para preparar la salsa, procesa el resto de los ingredientes, excepto las guarniciones, hasta obtener una mezcla uniforme.

3. Combina la salsa con los fideos hasta cubrirlos por completo.

4. Sirve y acompaña con jitomates cherry, albahaca y queso parmesano, y ¡disfruta!

CONSEJO: ¡Los aguacates se oxidan rápidamente, por ello es recomendable disfrutar este plato de inmediato!

POR PORCIÓN: 109 calorías, 4 gramos de proteína, 11 gramos de carbohidratos, 7 gramos de grasa total

CHILI DE NUECES DE CASTILLA

TIEMPO DE PREPARACIÓN: 20 min

TIEMPO DE COCCIÓN: 90 min

TIEMPO TOTAL: 110 min

RINDE 4 PORCIONES

¡Este chili, que está cargado de proteínas, es un éxito en nuestra casa!

INGREDIENTES:

1 taza de frijoles pintos, remojados desde la noche anterior en 3 o 4 tazas de agua

1½ tazas de agua

1 taza de carne de nueces de Castilla, como guarnición (ver receta en la página 361)

1 cucharada de aceite de canola

¼ de taza de cebolla blanca, finamente picada

¾ de cucharadita de sal, o al gusto

1 pimiento rojo, descarozado, despepitado y rebanado (aproximadamente 1 taza)

1 jitomate grande, lavado y cortado en cubitos (aproximadamente 1 taza)

2 cucharadas de hojas de perejil

1 cucharada de comino molido

1 cucharadita de paprika

1 cucharadita de chile en polvo

½ cucharadita de orégano seco

½ cucharadita de cúrcuma en polvo

¼ cucharadita de ajo en polvo

pimienta de Cayena, al gusto (opcional)

cebollín picado, o cilantro fresco, como guarnición

PREPARACIÓN:

1. Lava y escurre los frijoles.

2. Hierve los frijoles en una olla con suficiente agua para cubrirlos por 1 centímetro.

3. Hierve a fuego a medio-bajo de 60 a 90 minutos. Si es necesario, agrega más agua.

4. Mientras se cuecen los frijoles, prepara la carne de nuez de Castilla y colócala a un lado. Cuando los frijoles estén listos, calienta el aceite en una sartén a fuego medio-alto y sofríe las cebollas durante 5 minutos con una pizca de sal.

5. Añade los pimientos y los jitomates, junto con el resto de los ingredientes (salvo la carne de nuez de Castilla y el cebollín). Cubre y sofríe durante 5 minutos más.

6. Ajusta la cantidad de especias, si es necesario.

7. Cuando obtengas la textura deseada, sirve el chili con la carne de nuez de Castilla y el cebollín y ¡disfruta!

OPCIÓN

▶ Si deseas una consistencia más cremosa, agrega aguacate en cubitos o queso de nuez de la India. ¡Añade Sriracha si deseas un sabor más picante!

POR PORCIÓN: 289 calorías, 13 gramos de proteína, 40 gramos de carbohidratos, 10 gramos de grasa total

GARBANZOS CHANA MASALA

TIEMPO DE PREPARACIÓN: 10 min

TIEMPO DE COCCIÓN: 20 min

TIEMPO TOTAL: 30 min (no incluye el tiempo de preparación de la salsa de jitomate de la abuela, ni del arroz integral de grano corto)

RINDE 4 PORCIONES

Este plato es mucho más rápido si preparas la salsa de jitomate de la abuela y el arroz integral de grano corto por adelantado. Otro consejo para ahorrar tiempo es medir todas las especias y combinarlas en un plato pequeño, antes de preparar el resto de esta aromática receta inspirada en la cocina de la India.

INGREDIENTES:

1 taza de salsa de jitomate de la abuela (ver receta en la página 345)

2 tazas de arroz integral de grano corto (ver receta en la página 333)

1 cucharadita de ajo, machacado

$1/2$ cucharadita de sal de mar, o al gusto

1 cucharada de comino molido

$1/4$ de cucharadita de chana masala

1 cucharadita cilantro en polvo

1 cucharadita de paprika ahumada

$1/2$ cucharadita de paprika

$1/4$ de cucharadita de cúrcuma en polvo

1 cucharadita de jengibre en polvo

$1/8$ de cucharadita de pimienta de Cayena (opcional)

2 latas de 400 g de garbanzos, escurridos y enjuagados (aproximadamente 3 tazas)

1 limón, rebanado en cuartos, para acompañar

cilantro o perejil, para acompañar

PREPARACIÓN:

1. Prepara la salsa de jitomate y el arroz integral (puede ser por adelantado).

2. Si preparaste la salsa de jitomate por adelantado, caliéntala en una sartén grande a fuego medio.

3. Añade el ajo, la sal y todos los ingredientes. Saltea durante varios minutos.

4. Aumenta el fuego a medio-alto. Agrega los garbanzos y revuelve.

5. Reduce a fuego lento durante 10 a 15 minutos, revuelve con frecuencia para combinar los sabores. Prueba y ajusta el sazón, si es necesario.

6. Sirve los garbanzos chana masala con arroz integral y acompaña con limón y perejil.

CONSEJO: El sobrante se conservará de 4 a 5 días en el refrigerador.

VARIACIÓN:

▶ Este plato también se disfruta con verduras al vapor o como guarnición de una papa al horno en lugar servirlo sobre arroz integral.

POR PORCIÓN: 182 calorías, 9 gramos de proteína, 31 gramos de carbohidratos, 3 gramos de grasa total

HAMBUR-GUESAS DE FRIJOL Y QUINOA

TIEMPO DE PREPARACIÓN: 15 min

TIEMPO DE COCCIÓN: 55 min

TIEMPO TOTAL: 70 min (no incluye el tiempo de preparación de los frijoles negros)

RINDE 4 HAMBURGUESAS

¡No tienes que dejar de comer hamburguesas para alcanzar tu máxima salud! Estas hamburguesas son tan deliciosas como nutritivas. Ahora puedes invitar a tus amistades y ofrecerles un plato saludable sin tener que sacrificar el sabor.

INGREDIENTES:

$1/2$ de cebolla pequeña, picada

$1 1/2$ tazas de frijoles negros, cocidos (ver receta en la página 329), o usa una lata de frijoles enjuagados y escurridos

$1 1/2$ tazas de quinoa (ver receta en la página 357)

$1/4$ de taza de perejil, machacado

2 cucharadas de linaza, molida

1 cucharadita de comino, molido

1 cucharadita de cilantro, molido

1 cucharadita de jugo de limón

4 cucharadas de pan sin gluten, molido

3 cucharadas de harina de quinoa

1 cucharadita de polvo para hornear

4 cucharadas de agua

$1/2$ cucharadita de sal de mar, o al gusto

aceite, de tu preferencia (en caso de usar una sartén)

PREPARACIÓN:

1. Calienta el horno a 205 °C y prepara una bandeja para hornear con papel para hornear.

2. Procesa las cebollas con la mitad de los frijoles negros.

3. En un recipiente combina la pasta de frijoles con el resto de los ingredientes.

4. Forma las hamburguesas con las manos y colócalas en la bandeja para hornear.

5. Hornea las hamburguesas durante 15 minutos y voltéalas. Luego hornea durante 15 minutos más.

CONSEJO: Si no tienes mucho tiempo, cocina las hamburguesas en una sartén a fuego medio con un poco de aceite por ambos lados hasta que estén doradas. Los sobrantes durarán algunos días en el refrigerador y algunos meses en el congelador.

POR PORCIÓN: 232 calorías, 11 gramos de proteína, 39 gramos de carbohidratos, 4 gramos de grasa total

TAZÓN DE VERDURAS TERIYAKI CON ALBÓNDIGAS SIN CARNE

TIEMPO DE PREPARACIÓN: 25 min
TIEMPO DE COCCIÓN: 75 min
TIEMPO TOTAL: 100 min

RINDE 4 PORCIONES (20 ALBÓNDIGAS)

El teriyaki es uno de esos sabores que a todos se nos antoja en algún momento. Este plato es para esos momentos. Es fácil y rápido, y lo puedes modificar para aumentar las porciones. También es una gran opción para aumentar el consumo de verduras de tus hijos, que disfrutarán de esta receta.

INGREDIENTES PARA LAS ALBÓNDIGAS SIN CARNE:

2 cucharadas de aceite de canola, para freír

2 tazas de champiñones, lavados y picados

1 cebolla pequeña, picada

1 diente de ajo, machacado

1 cucharadita de sal de mar, o al gusto

$1/2$ cucharadita de comino, molido

$1^1/_2$ tazas de arroz integral de grano corto sin sal (ver receta en la página 333) o de quinoa (ver receta en la página 357)

3 cucharadas de harina sin gluten (harina de arroz integral)

$1/4$ de taza, más 2 cucharadas de pan molido sin gluten (reserva $1/4$ de taza para capear)

$1/2$ cucharadita de perejil seco

$1/2$ cucharadita de albahaca seca

$1/4$ de cucharadita de pimienta negra molida, o al gusto

$1/8$ de cucharadita de orégano seco

INGREDIENTES PARA LA SALSA TERIYAKI:

$1/4$ de taza de salsa teriyaki de aminos de coco

2 cucharadas de vinagre de arroz

2 cucharadas de agua

2 cucharadas de cebolleta rebanada

INGREDIENTES PARA EL TAZÓN DE VERDURAS:

1 cabeza grande de brócoli, cortada en ramitos

1 taza de zanahoria rallada

1 pimiento rojo, descarozado, despepitado y rebanado en tiras largas

semillas de ajonjolí, para acompañar

PREPARACIÓN:

1. Para preparar las albóndigas sin carne: calienta una cucharada de aceite en una sartén grande a fuego medio-alto y saltea los champiñones, la cebolla, el ajo, una pizca de sal y el comino hasta que estén suaves. Coloca la sartén a un lado y déjala enfriar.

Continúa la receta

2. En un procesador o licuadora procesa la mezcla de champiñones con el resto de los ingredientes, hasta obtener una consistencia pareja.

3. Forma las albóndigas con las manos (deben salir aproximadamente 20 del tamaño de una cuchara) y cúbrelas con las migajas de pan.

4. Fríe las albóndigas en una sartén mediana con la cucharada de aceite restante durante 5 minutos, hasta dorarlas. Es importante mover y girar las albóndigas mientras estén en la sartén para que se doren equitativamente. Colócalas en un plato y consérvalas a un costado.

5. Para preparar la salsa teriyaki: bate todos los ingredientes y coloca la salsa a un costado hasta requerirla.

6. Para preparar el tazón de verduras: coloca los ramitos de brócoli, las zanahorias, el pimiento y la mitad de la mezcla de teriyaki en una sartén. Cubre la sartén y cuece las verduras a fuego medio durante 10 minutos, hasta que estén suaves. Agrega las albóndigas sin carne y el resto de la salsa teriyaki. Revuelve suavemente. Cubre y mantén la sartén a fuego medio-bajo durante unos minutos más.

7. Sirve con ajonjolí y ¡disfruta!

CONSEJO: Los sobrantes se conservarán un par de días en el refrigerador.

POR PORCIÓN: 269 calorías, 6 gramos de proteína, 45 gramos de carbohidratos, 9 gramos de grasa total

HAMBUR-GUESAS DE FRIJOL Y NUECES DE CASTILLA

TIEMPO DE PREPARACIÓN: 20 min

TIEMPO DE COCCIÓN: 60 min

TIEMPO TOTAL: 80 min

RINDE 8 HAMBURGUESAS

En casa nos encantan las hamburguesas de frijol y nueces de Castilla. A veces invitamos a nuestros familiares y hacemos una barra de hamburguesas con diferentes guarniciones y panes caseros que podemos disfrutar al aire libre sin dejar de cuidar nuestra salud desde el interior.

INGREDIENTES:

1 taza de quinoa (ver receta en la página 357)

1 taza de carne de nuez de Castilla (ver receta en la página 361)

1 lata de 400 g de frijoles pintos (aproximadamente 1½ tazas), escurridos y enjuagados

2 cucharadas de cebolla, finamente picada

1 diente de ajo, machacado

½ cucharadita de sal de mar, o al gusto

pimienta negra, molida, al gusto

PREPARACIÓN:

1. Calienta el horno a 205 °C y cubre una bandeja para hornear con papel para hornear, o engrásala ligeramente.

2. Enfría un poco la quinoa cocida y colócala en un recipiente.

3. Prepara la carne de nuez de Castilla y agrégala al recipiente.

4. En un procesador, tritura los frijoles sin que se desbaraten por completo; basta con pulsar el procesador por un par de segundos. Añade los frijoles al recipiente con la quinoa y la carne de nuez de Castilla. Añade las cebollas, el ajo, la sal y la pimienta, y mezcla todos los ingredientes hasta que estén bien combinados. Prueba y ajusta el sazón, si es necesario.

5. Divide la mezcla en 8 porciones y moldea las hamburguesas. Colócalas en la bandeja para hornear.

6. Hornea las hamburguesas durante 20 minutos. Voltéalas y déjalas entre 10 y 15 minutos más en el horno.

7. Sirve las hamburguesas con el pan y las guarniciones de tu preferencia. Algunas opciones son: aguacate, jitomate, queso de nueces de la India (ver receta en la página 334), o salsa BBQ (ver receta en la página 326). Sirve también con una ensalada mixta.

CONSEJO: Si no tienes mucho tiempo, cocina las hamburguesas en una sartén a fuego medio-alto con un poco de aceite durante 4 minutos por cada lado. O prepara las hamburguesas por adelantado y almacena en el refrigerador hasta dos días, o congélalas envueltas papel para hornear en bolsas para congelar hasta por dos meses.

POR PORCIÓN: 146 calorías, 6 gramos de proteína, 22 gramos de carbohidratos, 4 gramos de grasa total

PLATO RENOVADOR

TIEMPO DE PREPARACIÓN: 20 min

TIEMPO DE COCCIÓN: 30 min

TIEMPO TOTAL: 50 min

RINDE 2 PORCIONES

Este poderoso plato está lleno de fitoquímicos que fortalecerán tu sistema digestivo y renovarán tu organismo. A mí me gusta este tazón una o incluso dos veces por semana. Incluso me gusta dos días seguidos.

INGREDIENTES:

1 taza de quinoa (ver receta en la página 357)

2 tazas de brócoli, cortado en ramitos

1 taza de zanahoria, picada

½ taza de apio, picado

2 cucharadas de almendras en rebanadas

2 cucharadas de semillas de girasol

2 cucharadas de semillas de calabaza (pepitas)

jugo de 1 limón

sal de mar, al gusto

pimienta negra, molida, al gusto

1 aguacate Hass deshuesado, pelado y rebanado

microgerminados, para acompañar

PREPARACIÓN:

1. Coloca la quinoa cocida en un recipiente y déjala a un lado.

2. En un procesador, procesa el brócoli hasta que se desmorone y tenga una consistencia de migajas. Añade las migajas de brócoli al recipiente.

3. Procesa las zanahorias hasta que se desmoronen y tengan también una consistencia de migajas. Añade las migajas de zanahoria al recipiente. Agrega el apio, las almendras, las semillas de girasol y las de calabaza.

4. Añade el jugo de limón, la sal y la pimienta y revuelve bien.

5. Incorpora el aguacate con cuidado y sirve con los microgerminados.

POR PORCIÓN: 407 calorías, 14 gramos de proteína, 41 gramos de carbohidratos, 24 gramos de grasa total

CALABAZA AL HORNO CON QUINOA

TIEMPO DE PREPARACIÓN: 15 min

TIEMPO DE COCCIÓN: 25 min

TIEMPO TOTAL: 40 min

RINDE 2 PORCIONES

Esta ensalada se puede servir fría o caliente y es una de mis comidas favoritas porque es una fuente completa de proteínas. Tiene buen sabor y consistencia crujiente. Normalmente preparamos este plato durante el fin de semana y lo tenemos listo en el refrigerador para comer durante la semana.

INGREDIENTES:

1 calabaza grande, pelada y cortada en cubitos

1 taza de quinoa cocida (ver receta en la página 357)

1 aguacate Hass deshuesado, pelado y rebanado en cubitos

jugo de 1 limón

sal de mar, al gusto

pimienta negra, molida, al gusto

¼ de taza de semillas de calabaza (pepitas)

PREPARACIÓN:

1. Precalienta el horno a 180 ºC. Cuece la calabaza al vapor entre 5 y 7 minutos. Reparte los cubitos de calabaza sobre una bandeja para hornear cubierta con papel para hornear y rostiza de 10 a 15 minutos, o hasta que las orillas se empiecen a dorar.

2. En un recipiente, mezcla la calabaza, la quinoa, el aguacate, el jugo de limón, la sal y la pimienta. Coloca en una ensaladera, cubre con pepitas y ¡disfruta!

POR PORCIÓN: 225 calorías, 7 gramos de proteína, 31 gramos de carbohidratos, 10 gramos de grasa total

LASAÑA CRUDA

TIEMPO DE PREPARACIÓN: 40 min

TIEMPO DE COCCIÓN: 0 min

TIEMPO TOTAL: 40 min

RINDE 4 PORCIONES

La lasaña no suele ser sinónimo de nutrición. Hasta ahora. Esta lasaña se prepara con ingredientes crudos, que están llenos de vitaminas, minerales y poderosos fitoquímicos, para que puedas disfrutar de la comida italiana sin remordimiento.

INGREDIENTES PARA LA SALSA DE JITOMATE (RINDE ³/₄-1 TAZA):

1 jitomate grande

¼ de taza de jitomates deshidratados

4 hojas de albahaca fresca

1 pizca de orégano seco

1 pizca de sal de mar

INGREDIENTES PARA LA LASAÑA

³/₄ de taza de queso de nueces de la India (ver receta en la página 334) (aproximadamente 12 cucharadas)

½ taza de carne de nueces de Castilla (ver receta en la página 361) (aproximadamente 8 cucharadas)

4 cucharadas de queso parmesano, o al gusto (ver receta en la página 354)

4 calabacitas, lavadas, corta las puntas

4 jitomates *cherry*, lavados y rebanados por la mitad

hojas de albahaca, para acompañar

pimienta negra molida, al gusto

PREPARACIÓN:

1. Para preparar la salsa de jitomate, combina todos los ingredientes en un procesador o licuadora, hasta obtener una consistencia uniforme. Refrigera la salsa en un contenedor hermético hasta el momento de requerirla.

2. Prepara el queso de nueces de la India, la carne de nueces de Castilla y el queso parmesano de acuerdo con sus respectivas recetas y refrigéralos hasta requerirlos.

3. Corta las calabacitass con un rebanador mandolín o con un pelador para obtener rebanadas delgadas y largas. Luego corta las rebanadas a la mitad.

4. Para preparar las cuatro porciones individuales: en cada plato, arma una capa de tres o cuatro rebanadas de calabacita, de tal manera que sus orillas queden ligeramente empalmadas. Cúbrelas con 1½ cucharadas de salsa de jitomate, 1½ cucharadas de queso de nueces de la India y luego 2 cucharadas de carne de nueces de Castilla. Coloca otra capa de calabacitas en dirección perpendicular de la capa anterior. Añade 1½ cucharadas de salsa de jitomate y 1½ cucharadas de queso de nueces de la India. Coloca otra capa de calabacitas (en dirección perpendicular a la capa anterior), y cubre con 1½ cucharadas de salsa de jitomate. Sirve con el queso parmesano y acompaña con jitomates *cherry* y albahaca. Sazona con pimienta negra recién molida.

Continúa la receta

LIGERO

VARIACIÓN

▶ Para preparar la lasaña en una sola bandeja para hornear, cubre la base con una capa de calabacita, de tal manera que queden un poco empalmadas. Añade las capas de salsa de jitomate, de queso de nueces de la India y de carne de nueces de Castilla. Repite con el resto de las capas de calabacita, la salsa de jitomate y el queso de nueces de la India, seguido por una capa final de calabacita y salsa de jitomate. Cubre con queso parmesano y acompaña con jitomates *cherry* y albahaca. Sazona con pimienta negra recién molida.

NOTA: Refrigera la lasaña por un par de horas para mejorar la consistencia, de tal manera que se endurezca un poco y sea más fácil de cortar en porciones. ¡Refrigérala hasta que sea el momento de servirla! Recomiendo consumirla antes de dos días.

POR PORCIÓN: 286 calorías, 12 gramos de proteína, 26 gramos de carbohidratos, 18 gramos de grasa total

INDULGENTE

(300 CALORÍAS O MÁS)

Aunque sea difícil de creer, te puedes nutrir y al mismo tiempo consentir con las comidas veganas basadas en plantas. Los sabores y texturas de estas recetas fueron desarrollados para satisfacer grandes apetitos y gustos exigentes. Además, están llenas de verduras. ¡Nuestros platos te consentirán y son tan buenos y abundantes que tus amigos no podrán creer que son saludables! Estas recetas son las clásicas recetas favoritas que tú y tu familia conocen desde hace décadas, y nuestras nuevas versiones ayudan a hacerlas más ligeras y saludables sin sacrificar el delicioso sabor que ya conoces.

No hay motivo para no crear comidas que resultan deliciosas para todos, no sólo "para veganos". Estas recetas lo demuestran. ¡Tu cuerpo te lo agradecerá!

Ensalada de frijoles negros, camote y quinoa 185

Ensalada de hinojo y arúgula con aguacate, garbanzos y parmesano 186

Ensalada César de col rizada 189

Ensalada de col rizada y lentejas con corazones de alcachofa y jitomates deshidratados 190

Ensalada cruda de col rizada y aguacate 193

Ensalada dulce de brócoli con microgerminados 194

Espárragos y frijoles blancos 197

Palmitos con cannellini 198

Papa al horno con todo 201

Copitas de endivias con ensalada 202

Copitas de pimiento rojo rellenas con lentejas y aguacate 205

Brochetas BBQ de albóndigas sin carne 207

Rollo de sushi con nueces y garbanzos 211

Tazón de falafel 213

Tabule de lentejas 217

Burrito de frijoles negros en tazón 218

Tazón de arroz a la cubana 221

Quinoa con champiñones y espinacas 222

Ensalada de quinoa y camote 225

Tazón crujiente de quinoa 226

Arcoíris de verduras al horno 229

Paella de verduras 230

Pasta boloñesa 233

Rollatini de berenjena 234

Coditos con queso 237

Penne con crema de espinacas 238

Pasta con crema de jitomate y albahaca 241

ENSALADA DE FRIJOLES NEGROS, CAMOTE Y QUINOA

TIEMPO DE PREPARACIÓN: 15 min

TIEMPO DE COCCIÓN: 55 min

TIEMPO TOTAL: 70 min (no incluye el tiempo de preparación de los frijoles negros)

RINDE 4 PORCIONES

Esta receta está inspirada en mis raíces cubanas. Cuando era niño comía arroz con frijoles todo el tiempo, y me encantaban. Ahora hemos creado una versión más saludable, que contiene vitaminas, minerales y fitoquímicos, en un plato que resulta nutritivo y nostálgico para la mente y el cuerpo.

INGREDIENTES:

3 tazas de quinoa (ver receta en la página 357)

1¹/₂ tazas de frijoles negros (ver receta en la página 329) o una lata, enjuagada y escurrida

1 camote grande, rebanado en cubitos

sal de mar, al gusto

pimienta negra molida, al gusto

guacamole (ver receta en la página 260)

150 gramos de arúgula *baby*

¹/₄ de taza de semillas de calabaza (pepitas)

aderezo de crema de nuez de la India (ver receta en la página 189)

PREPARACIÓN:

1. Precalienta el horno a 205 °C y cubre una bandeja para hornear con papel para hornear.

2. Si preparaste la quinoa y los frijoles, déjalos a un lado para que se enfríen.

3. Distribuye los cubitos de camote sobre la bandeja con una pizca de sal de mar y pimienta.

4. Hornea durante 30 minutos, revolviendo ocasionalmente, hasta que se doren y estén suaves.

5. Mientras se hornea el camote, prepara el guacamole.

6. Prepara una ensaladera o cuatro tazones individuales con una capa de arúgula, luego añade la quinoa, los frijoles negros, los cubitos de camote y al final el guacamole.

7. Cubre con semillas de calabaza y un chorrito de aderezo y ¡disfruta!

CONSEJO: El sobrante se conservará hasta 4 días, pero es recomendable almacenar el guacamole, que sólo se conserva un día, en un contenedor por separado.

POR PORCIÓN: 363 calorías, 17 gramos de proteína, 58 gramos de carbohidratos, 9 gramos de grasa total

ENSALADA DE HINOJO Y ARÚGULA CON AGUACATE, GARBANZOS Y PARMESANO

TIEMPO DE PREPARACIÓN: 15 min

TIEMPO DE COCCIÓN: 0 min

TIEMPO TOTAL: 15 min

RINDE 4 PORCIONES

El sabor del hinojo es único. Si lo combinas con los ingredientes correctos, su sabor se vuelve fenomenal. Aquí tenemos una gran combinación de sabores y nutrientes.

INGREDIENTES:

1 bulbo de hinojo

4 rábanos, lavados

2 cucharadas de aceite de oliva extra virgen

jugo de 1 limón

$^1/_2$ cucharadita de sal de mar, al gusto

pimienta negra molida, al gusto

1 lata de garbanzos

3 tazas de arúgula, comprimida, lavada y escurrida

1 aguacate Hass cortado por la mitad, deshuesado, pelado y picado

queso parmesano (ver receta en la página 354)

PREPARACIÓN:

1. Para preparar el hinojo, remueve los tallos y las hojas a ras del bulbo. Corta el bulbo a la mitad, de arriba abajo, y retira el centro de la planta.

2. Para preparar los rábanos, corta los extremos.

3. Con un rebanador mandolín, rebana el hinojo y los rábanos en tiras delgadas y coloca las tiras en un recipiente.

4. Revuelve el hinojo y los rábanos con aceite, limón, sal y pimienta; deja a un lado para permitir que los sabores se integren.

5. Escurre y enjuaga los garbanzos, y retira la piel de algunos de ellos.

6. Revuelve con cuidado los garbanzos, la arúgula y el aguacate, junto con el hinojo y los rábanos. Prueba y ajusta el sazón si es necesario.

7. Sirve en una ensaladera o en cuatro platos individuales con un poco de queso parmesano y ¡disfruta!

POR PORCIÓN: 312 calorías, 8 gramos de proteína, 26 gramos de carbohidratos, 22 gramos de grasa total

ENSALADA CÉSAR DE COL RIZADA

TIEMPO DE PREPARACIÓN: 20 min

TIEMPO DE COCCIÓN: 0 min

TIEMPO TOTAL: 20 min (no incluye el tiempo para remojar las nueces de la India)

RINDE 2 PORCIONES

¿Extrañas las ensaladas César porque dejaste de comer lácteos? No busques más. Esta receta es muy sencilla y es mejor que la original. Prepárala para tu próxima cena y observa mientras tus familiares la disfrutan.

INGREDIENTES:

garbanzos crujientes (ver receta en la página 256)

queso parmesano (ver receta en la página 354), al gusto

aderezo César (ver receta a continuación)

2 paquetes de 150 gramos de col rizada *baby*

INGREDIENTES PARA EL ADEREZO

1/2 taza de nuez de la India cruda

1/4 de taza de agua (si es necesario agregar más agua, añade una cucharada a la vez)

1 cucharada de levadura nutricional

2 cucharadas de jugo de limón

1/2 cucharada de mostaza de Dijon

1 clavo pequeño o 1/2 cucharada de ajo en polvo

1/2 cucharadita de sal de mar

PREPARACIÓN:

1. Prepara los garbanzos crujientes y el queso parmesano y deja a un lado.

2. Para preparar el aderezo César, remoja las nueces de la India durante 30 minutos en agua caliente. Enjuaga y escurre las nueces de la India, y coloca en la licuadora o procesador de alimentos con el resto de los ingredientes del aderezo y licua hasta obtener una consistencia uniforme y cremosa.

3. Para preparar la ensalada, lava bien la col rizada y sécala en un colador. Revuélvela en un recipiente con el aderezo César hasta cubrir todas las hojas. Sirve con garbanzos crujientes y queso parmesano, y ¡disfruta!

VARIACIÓN

▶ Cambia la col rizada *baby* por col rizada Lacinato o lechuga romana.

POR PORCIÓN: 454 calorías, 20 gramos de proteína, 40 gramos de carbohidratos, 28 gramos de grasa total

ENSALADA DE COL RIZADA Y LENTEJAS CON CORAZONES DE ALCACHOFA Y JITOMATES DESHIDRATADOS

TIEMPO DE PREPARACIÓN: 30 min

TIEMPO DE COCCIÓN: 30 min

TIEMPO TOTAL: 60 min

RINDE 4 PORCIONES

Las lentejas son una maravillosa fuente de proteína y una de las pocas que además son alcalinas, es decir, reducen la acidez del cuerpo. Esta ensalada, con su mezcla de texturas y sabores explosivos, es una de las que más me encantan.

INGREDIENTES:

1 taza de lentejas verdes de Puy u otro tipo de lentejas, crudas

3 tazas de agua

1 pizca de sal

5 tazas de col rizada, finamente picada, lavada y sin tallos

3 tazas de lechuga romana, finamente picada

1 aguacate Hass cortado por la mitad, deshuesado, pelado y picado

1/2 cebolla pequeña, en rebanadas finas

1/4 de taza de jitomates deshidratados, en rebanadas finas

4 corazones de alcachofa (de lata), escurridos y rebanados en cuartos

jugo de 2 limones

2 cucharadas de aceite de oliva extra virgen

1/4 de cucharadita de sal de mar, o al gusto

piñones, para acompañar, al gusto

PREPARACIÓN:

1. Para preparar las lentejas, enjuágalas en un escurridor y elimina las piedritas.

2. Hierve las lentejas en una olla mediana a fuego alto, con tres tazas de agua y la sal.

3. Reduce el fuego y tapa la olla parcialmente. Hierve de 25 a 30 minutos hasta que las lentejas estén suaves. Escurre y enfría las lentejas hasta requerirlas de nuevo.

4. En un recipiente combina las lentejas, la col rizada, la lechuga romana, los aguacates, las cebollas, los jitomates deshidratados y las alcachofas. Revuelve suavemente.

5. Agrega el jugo de limón, el aceite y revuelve de nuevo.

6. Sirve la ensalada en un plato, agrega los piñones y ¡disfruta!

POR PORCIÓN: 409 calorías, 20 gramos de proteína, 50 gramos de carbohidratos, 18 gramos de grasa total

ENSALADA CRUDA DE COL RIZADA Y AGUACATE

TIEMPO DE PREPARACIÓN: 15 min

TIEMPO DE COCCIÓN: 0 min

TIEMPO TOTAL: 15 min

RINDE 1 PORCIÓN

Esta ensalada será una de las favoritas de tu familia por su valor nutritivo y su gran sabor. Disfrútala a cualquier hora.

INGREDIENTES:

aderezo (ver receta a continuación)

2 tazas de col rizada, picada

1 aguacate Hass pequeno

½ taza de jitomates uva

2 cucharadas de semillas de girasol

2 cucharadas de almendras rebanadas

INGREDIENTES PARA EL ADEREZO:

2 cucharadas de jugo de limón

2 cucharadas de jugo de lima

1 pizca de pimienta fresca

sal de mar, al gusto

PREPARACIÓN:

1. Para preparar el aderezo, bate todos los ingredientes del mismo. Prueba y ajusta el sazón hasta obtener el sabor deseado.

2. Revuelve la col rizada en un recipiente y añade el aderezo. Mezcla suavemente con las manos para suavizar la col rizada.

3. Corta el aguacate en cubitos y rebana los jitomates.

4. Añade el resto de los ingredientes al recipiente, revuelve suavemente y disfruta.

POR PORCIÓN: 629 calorías, 19 gramos de proteína, 49 gramos de carbohidratos, 47 gramos de grasa total

ENSALADA DULCE DE BRÓCOLI CON MICROGER- MINADOS

TIEMPO DE PREPARACIÓN: 15 min

TIEMPO DE COCCIÓN: 5 min

TIEMPO TOTAL: 20 min

RINDE 1 PORCIÓN

Sabemos bien que deberíamos comer más verduras, pero a veces nos preguntamos cómo lograr que sean más emocionantes y deliciosas. Este plato fácil y rápido te ayudará a aumentar tu consumo de verduras. ¡A tu familia le encantará!

INGREDIENTES:

1 taza de ramitos de brócoli

1 taza de microgerminados

$1/2$ taza de germinados de alfalfa

aderezo (ver receta a continuación)

$1/4$ de taza de almendras crudas, rebanadas

INGREDIENTES PARA EL ADEREZO:

2 cucharadas de vinagre balsámico

1 cucharada de jugo de limón

2 cucharaditas de miel de maple

$1/2$ cucharadita de comino molido

$1/2$ cucharadita de paprika ahumada

PREPARACIÓN:

1. Cocina el brócoli al vapor durante 4 o 5 minutos, hasta que cobre un color verde brillante.

2. Corta el brócoli y combínalo con los microgerminados y la alfalfa en un recipiente.

3. En otro recipiente, mezcla los ingredientes del aderezo.

4. Sirve la ensalada de brócoli acompañada de almendras rebanadas y aderezo, al gusto.

POR PORCIÓN: 345 calorías, 9 gramos de proteína, 52 gramos de carbohidratos, 12 gramos de grasa total

ESPÁRRAGOS Y FRIJOLES BLANCOS

TIEMPO DE PREPARACIÓN: 20 min

TIEMPO DE COCCIÓN: 3 min

TIEMPO TOTAL: 23 min

RINDE 4 PORCIONES

Los espárragos tienen fibra, folato, cromo y vitaminas A, C, E y K. Las proteínas, folato y antioxidantes, y las propiedades purificadoras de los frijoles blancos, son como un regalito extra.

INGREDIENTES:

8 espárragos, rebanados en trozos de 1 a 2 centímetros

2 tazas de 400 g de frijoles cannellini (sin sal), enjuagados y escurridos

2 tazas de lechuga romana rebanada en tiras delgadas

¼ de taza de perejil

1 taza de jitomates *cherry*, rebanados por la mitad

¼ de taza de aceitunas Kalamata, deshuesadas y rebanadas

vinagreta Dijon de limón (ver receta en la página 349), al gusto

1 aguacate Hass cortado por la mitad, deshuesado, pelado y cortado en cubitos

PREPARACIÓN:

1. Hierve los espárragos durante 2 o 3 minutos en una olla de agua con sal. Escurre y enjuaga con agua fría.

2. Combina los espárragos, los frijoles, la lechuga, el perejil y los jitomates en un recipiente.

3. Prepara el aderezo y revuélvelo con la ensalada. Incorpora los aguacates y combínalos con cuidado.

4. Coloca la ensalada en una ensaladera y ¡disfruta!

POR PORCIÓN: 341 calorías, 16 gramos de proteína, 42 gramos de carbohidratos, 14 gramos de grasa total

PALMITOS CON CANNELLINI

TIEMPO DE PREPARACIÓN: 20 min

TIEMPO DE COCCIÓN: 0 min

TIEMPO TOTAL: 20 min

RINDE 2 PORCIONES

Los palmitos contienen potasio, que ayuda a regular el pulso y a reducir la presión arterial, y tienen altos índices de vitamina B$_6$. Los frijoles cannellini son una excelente fuente de carbohidratos complejos y proteínas, además de vitaminas B, hierro, zinc y minerales. Por ello, esta ensalada sencilla es una de las preferidas de los atletas.

INGREDIENTES:

1 lata de 400 g de palmitos

1 taza de 400 g de frijoles cannellini (sin sal), enjuagados y escurridos

1 taza de jitomates *cherry*, rebanados por la mitad

$1/2$ taza de col rizada, finamente picada, u otras hojas verdes de tu elección, bien lavadas y sin tallo

$1/2$ cebolla morada, finamente rebanada

el jugo de 1 limón

$1/4$ cucharadita de sal, o al gusto

pimienta negra, molida, al gusto

PREPARACIÓN:

1. Para preparar los corazones de palmito, escúrrelos y córtalos en rodajas de 1 centímetro. Colócalos en un recipiente y separa algunos de los aros de los palmitos.

2. Añade los frijoles, los jitomates, la col rizada y la cebolla morada al recipiente.

3. Revuelve con aceite de oliva extra virgen, jugo de limón, sal de mar y pimienta. Sirve y ¡disfruta!

POR PORCIÓN: 344 calorías, 19 gramos de proteína, 51 gramos de carbohidratos, 9 gramos de grasa total

PAPA AL HORNO CON TODO

TIEMPO DE PREPARACIÓN: 20 min

TIEMPO DE COCCIÓN: 45 min

TIEMPO TOTAL: 65 min

RINDE 2 PORCIONES

Las papas son una excelente fuente de vitaminas C y B$_6$, magnesio, hierro y calcio. Las nueces de Castilla contienen ácidos grasos omega 3, para tu corazón, y el brócoli añade un poco de protección contra el cáncer y propiedades antiinflamatorias. Si sumas todas las partes, obtienes una receta para un plato poderoso que ya no estás obligado a rechazar.

Puedes sustituir las papas Russet o Yukon gold con papas dulces, pues también queda delicioso este plato.

INGREDIENTES:

aceite de canola, o el de tu preferencia, para cubrir las papas

2 papas Russet o Yukon gold grandes

sal de mar, al gusto

queso de nueces de la India (ver receta en la página 334), al gusto

$1/2$ taza de carne de nueces de Castilla (ver receta en la página 361)

2 tazas pequeñas de ramitos de brócoli

cebollín, finamente picado, para acompañar

PREPARACIÓN:

1. Precalienta el horno a 205 °C y engrasa una bandeja para hornear o cúbrela con papel para hornear.

2. Lava bien las papas y enjuágalas. Córtalas en dos, a lo largo. Perfóralas un par de veces con un tenedor y cúbrelas con un poco de aceite y una pizca de sal.

3. Coloca las papas boca abajo sobre la bandeja y hornea de 35 a 45 minutos, o hasta que las papas estén suaves y las puedas atravesar con un tenedor.

4. Mientras las papas se hornean, prepara el queso de nueces de la India y la carne de nueces de Castilla de acuerdo con sus respectivas recetas y deja a un lado hasta el momento indicado. Almacena los sobrantes según las indicaciones específicas de cada receta.

5. Lava el brócoli y cuécelo al vapor sobre agua hirviendo. Añade una pizca de sal, cubre la vaporera y reduce el fuego por otros 6 a 8 minutos, o hasta obtener la consistencia deseada.

6. Cuando las papas estén suaves, colócalas en un plato con la carne hacia arriba y machácalas ligeramente con un tenedor.

7. Cubre las papas con los ramitos de brócoli y la carne de nueces de Castilla, rocía un poco de queso nueces de la India y ¡disfruta!

POR PORCIÓN: 485 calorías, 14 gramos de proteína, 76 gramos de carbohidratos, 16 gramos de grasa total

COPITAS DE ENDIVIAS CON ENSALADA

TIEMPO DE PREPARACIÓN: 25 min

TIEMPO DE COCCIÓN: 0 min

TIEMPO TOTAL: 25 min (no incluye el tiempo de preparación de los garbanzos crujientes o frijoles negros)

RINDE 4 PORCIONES

Estas copitas de ensalada son divertidas y ligeras. Aparte de complacer a las mayorías en las fiestas, están llenas de vitaminas A, K, B_1, B_3, B_5 y B_6, y son saludables para tu cuerpo y para tu reputación como anfitrión.

INGREDIENTES:

4 cabezas de endivias (aproximadamente 24 hojas)

1$\frac{1}{2}$ tazas de garbanzos crujientes (ver receta en la página 256) o 1 lata de 400 g

1$\frac{1}{2}$ tazas frijoles negros cocidos (ver receta en la página 329) o una lata de 400 g

1 taza de jitomates *cherry*, cortados a la mitad o en cuartos

1 taza de perejil fresco, picado

1 pimiento rojo pequeño, despepitado y picado

1 pimiento verde pequeño, despepitado y picado

$\frac{1}{4}$ de taza de cebolla picada

1 aguacate Hass deshuesado, pelado y rebanado

1 pizca de ajo en polvo

1 pizca de pimienta negra, molida

vinagreta balsámica (ver receta en la página 325) o vinagreta Dijon de limón (ver receta en la página 349)

PREPARACIÓN:

1. Separa las hojas de las endivias, lávalas y sécalas en un colador. Elige las 24 hojas más grandes para usar como copas.

2. Rebana el resto de las hojas en tiras finas y colócalas en un recipiente.

3. Añade los garbanzos, los frijoles, los jitomates, el perejil, los pimientos, las cebollas y los aguacates, y combínalos con el aderezo que prefieras.

4. Llena cada hoja con la mezcla de ensalada y pon un poco de perejil en la superficie ¡y sirve!

POR PORCIÓN: 430 calorías, 20 gramos de proteína, 61 gramos de carbohidratos, 15 gramos de grasa total

COPITAS DE PIMIENTO ROJO RELLENAS CON LENTEJAS Y AGUACATE

TIEMPO DE PREPARACIÓN: 15 min

TIEMPO DE COCCIÓN: 30 min

TIEMPO TOTAL: 45 min

RINDE 4 PORCIONES

¡Los pimientos tienen pocas calorías y mucha nutrición! Están llenos de vitamina C, fitoquímicos y carotenoides, que contribuyen a la salud de tu sistema inmune. En esta receta, los pimientos están rellenos de una de nuestras fuentes favoritas de proteína y llevan también aguacates, que contienen ácidos grasos omega 3, para tu corazón.

INGREDIENTES:

1$^{1}/_{2}$ tazas de lentejas verdes o cafés, secas (aproximadamente 4$^{1}/_{2}$ tazas cuando están cocidas)

1 cucharada de aceite de canola, o el aceite de tu preferencia

$^{1}/_{2}$ cebolla, finamente picada

$^{1}/_{4}$ de cucharadita de ajo, machacado

$^{1}/_{2}$ cucharadita de sal de mar, o al gusto

5 tazas de agua

$^{1}/_{2}$ cucharadita de comino en polvo

$^{1}/_{2}$ cucharadita de cilantro en polvo

$^{1}/_{4}$ de cucharada de cúrcuma en polvo

1 pizca de pimienta de Cayena

2 aguacates Hass deshuesados, pelados y picados

el jugo de 1 limón

$^{1}/_{2}$ cucharadita de perejil, finamente picado

1 pizca de sal de mar

4 pimientos grandes (rojos, verdes o amarillos) lavados, rebanados por la mitad de arriba abajo (para formar tazones) y despepitados

vinagreta balsámica (ver receta en la página 325) o vinagreta Dijon de limón (ver receta en la página 349)

PREPARACIÓN:

1. Para preparar las lentejas, retira las piedritas y enjuaga en una coladera.

2. Calienta el aceite de canola en una olla a fuego medio-alto. Añade las cebollas, el ajo y una pizca de sal. Revuelve ocasionalmente hasta que las cebollas se vuelvan transparentes.

3. Añade las lentejas enjuagadas, las 5 tazas de agua, el comino, el cilantro, la cúrcuma y la pimienta de Cayena, y ponlo a hervir.

4. Reduce el fuego y cubre la olla. Hierve a fuego lento durante 30 minutos y revuelve ocasionalmente para evitar que las lentejas se quemen o se peguen a la olla.

Continúa la receta

5. Cuando estén suaves, retira las lentejas de la estufa y enjuaga con agua fría. Déjalas a un lado para que se enfríen por completo mientras preparas los demás ingredientes.

6. En un recipiente combina cuidadosamente los aguacates, el jugo de limón, el perejil, la sal y las lentejas.

7. Llena las copas de pimiento con la ensalada y sirve con aderezo.

CONSEJO: Almacena los sobrantes en el refrigerador de 4 a 5 días. Esta receta es igualmente deliciosa con pico de gallo (ver receta en la página 263).

POR PORCIÓN CON 2 CUCHARADAS DE VINAGRETA DIJON DE LIMÓN: 478 calorías, 22 gramos de proteína, 63 gramos de carbohidratos, 17 gramos de grasa total

BROCHETAS BBQ DE ALBÓNDIGAS SIN CARNE

TIEMPO DE PREPARACIÓN: 25 min

TIEMPO DE COCCIÓN: 80 min

TIEMPO TOTAL: 105 min

RINDE 2 PORCIONES

A veces lo que extrañamos cuando iniciamos una dieta basada en plantas no es la carne, sino la experiencia de comer ciertos productos. Por ejemplo, para mí no fue difícil dejar de comer sushi cuando empecé mi alimentación a base de plantas, lo complicado que fue dejar la experiencia de "comer con palillos y con salsas para remojar los alimentos". Entonces empecé a comer rollos de verduras y a hacer las salsas en casa. Las parrilladas son otra de esas experiencias. Estas brochetas de albóndigas sin carne tienen un gran sabor y satisfacen el antojo de las parrilladas sin tener que consumir carne.

INGREDIENTES:

1 cucharada de aceite de canola, para freír

2 tazas de champiñones, lavados y rebanados

1 cebolla, finamente picada (aproximadamente $\frac{1}{2}$ taza)

1 diente de ajo, machacado

1 cucharadita de sal de mar, o al gusto

$\frac{1}{2}$ cucharadita de comino en polvo

$1\frac{1}{2}$ tazas de arroz integral de grano corto (ver receta en la página 333)

3 cucharadas de harina sin gluten (harina de arroz integral)

$\frac{1}{4}$ de taza más 2 cucharadas de pan sin gluten molido (conserva el $\frac{1}{4}$ de taza para cubrir las albóndigas)

$\frac{1}{2}$ cucharadita de perejil seco

$\frac{1}{2}$ cucharadita de albahaca seca

$\frac{1}{4}$ de cucharadita de pimienta negra, molida, o al gusto

$\frac{1}{8}$ de cucharada de orégano seco

PARA LAS BROCHETAS:

1 pimiento rojo grande, rebanado en trozos pequeños

1 pimiento verde grande, rebanado en trozos pequeños

1 cebolla pequeña, rebanada en trozos pequeños

Salsa BBQ (ver receta en la página 326)

PREPARACIÓN:

1. Precalienta el horno a 205 °C. Cubre una bandeja para hornear con papel para hornear.

2. Calienta el aceite de canola en una olla a fuego medio-alto y añade los champiñones, el ajo, el comino y una pizca de sal. Sofríe hasta que los champiñones y las cebollas estén suaves. Luego déjalo a un lado para que se enfríe.

3. En un procesador de alimentos, combina la mezcla de los champiñones con el arroz integral, la harina sin gluten, las dos cucharadas de pan molido, el perejil, la albahaca, la pimienta, el orégano y procesa hasta combinar bien.

Continúa la receta

4. Moldea las albóndigas con las manos (de 18 a 22 albóndigas de 1 cucharada). Cúbrelas con el pan molido restante.

5. En cada brocheta coloca pimientos, cebollas y albóndigas (3 o 4 por brocheta). Repite el orden de los ingredientes para crear un patrón.

6. Cubre cada brocheta con un poco de salsa BBQ y hornea de 18 a 20 minutos. Recuerda girarlas cada cierto tiempo para que se doren por completo.

7. Sirve con extra salsa BBQ para remojar y ¡disfruta! Acompaña con una ensalada mixta.

POR PORCIÓN CON 2 CUCHARADAS DE SALSA BBQ: 409 calorías, 75 gramos de proteína, 10 gramos de carbohidratos, 10 gramos de grasa total

ROLLO DE SUSHI CON NUECES Y GARBANZOS

TIEMPO DE PREPARACIÓN: 25 min

TIEMPO DE COCCIÓN: 55 min

TIEMPO TOTAL: 80 min (incluye el tiempo de preparación del arroz integral de grano corto, pero no del queso de nueces de la India)

RINDE 1 PORCIÓN

Aprender a hacer sushi requiere de un par de intentos, pero cuando aprendes es fácil y divertido. Es posible que las primeras pruebas no salgan como tú quieres, no te desanimes. ¡Inténtalo!

Esta receta es para una porción. Con confianza, duplica la receta para obtener más porciones.

INGREDIENTES PARA EL SUSHI:

1½ tazas de arroz integral de grano corto (ver receta en la página 333)

1 cucharada de vinagre de arroz integral

½ taza de garbanzos cocidos

2-3 cucharadas de queso de nueces de la India (ver receta en la página 334), o tu mayonesa preferida

1 hoja de nori

1 cucharada de semillas de ajonjolí

¼ de aguacate Hass, pelado, deshuesado y finamente rebanado

1 zanahoria pequeña, finamente rallada (aproximadamente ¼ de taza)

6-8 nueces de la India tostadas, con sal

aminos de coco (como alternativa de la salsa de soya) u otra salsa de tu elección, para acompañar

2 cucharadas de cebolletas secas

UTENSILIOS:

estera de bambú para sushi

envoltura de plástico

PREPARACIÓN:

1. Coloca 1 taza de arroz cocido en un recipiente y combina con 1 cucharada de vinagre de arroz integral. Colócalo a un lado hasta que esté a temperatura ambiente.

2. Para preparar el "atún" de garbanzos, enjuaga y escurre los garbanzos y colócalos en un procesador junto con el queso de nueces de la India.

3. Pulsa varias veces el procesador, hasta combinar bien.

4. Para preparar el rollo de sushi, cubre la estera de bambú con una envoltura de plástico y deja a un lado por el momento.

5. Coloca el nori con el lado rugoso hacia arriba y el lado brillante hacia abajo.

6. Moja tus manos con agua para evitar que el arroz se te pegue en los dedos. Coloca una porción de arroz en el centro de la hoja de nori.

Continúa la receta

5. Para preparar la ensalada, divide la col rizada y la lechuga romana en 4 tazones. Cubre con capas de aguacate rebanado, zanahoria, pepino, rábano, pimiento, jitomates *cherry* y aceitunas. Coloca 2 tortitas de falafel encima de cada ensalada y añade aderezo de tahini.

CONSEJO: Almacena los sobrantes hasta una semana en el refrigerador o por varias semanas en el congelador.

POR PORCIÓN CON DOS CUCHARADAS DE ADEREZO: 376 calorías, 17 gramos de proteína, 54 gramos de carbohidratos, 13 gramos de grasa total

TABULE DE LENTEJAS

TIEMPO DE PREPARACIÓN: 20 min

TIEMPO DE COCCIÓN: 0 min

TIEMPO TOTAL: 20 min

RINDE 2 PORCIONES

Le hemos dado un giro nutritivo al tabule, plato típico del Medio Oriente. Simplemente cambiamos el bulgur por lentejas (una de mis fuentes de proteína preferidas) para convertirlo en un plato lleno de proteínas.

INGREDIENTES:

2 manojos de perejil rizado, picado (3 tazas)

1 cebolla pequeña, finamente picada

2 cucharadas de aceite de oliva, o al gusto

jugo de 2 limones

1/4 de cucharadita de sal de mar, o al gusto

2 latas de 400 g de lentejas, enjuagadas y escurridas (aproximadamente 3 tazas)

2 jitomates medianos, finamente picados

PREPARACIÓN:

1. Lava bien el perejil, sacude el agua de las hojas y sécalo con toallas de papel.

2. Cuando el perejil esté seco, retira los tallos y forma un montoncito con el perejil sobre una tabla para picar. Comprime el perejil y rebánalo finamente. Repite hasta triturarlo por completo.

3. En un recipiente mezcla las cebollas, el aceite, el jugo de limón y la sal de mar.

4. Añade las lentejas, los jitomates y el perejil en capas.

5. Revuelve suavemente hasta combinar bien. Ajusta el sazón si es necesario y sirve.

CONSEJO: Prepara esta ensalada desde dos días antes y consérvala en el refrigerador. Revuelve antes de servir y ¡disfruta!

POR PORCIÓN: 553 calorías, 31 gramos de proteína, 81 gramos de carbohidratos, 16 gramos de grasa total

BURRITO DE FRIJOLES NEGROS EN TAZÓN

TIEMPO DE PREPARACIÓN: 25 min

TIEMPO DE COCCIÓN: 30 min

TIEMPO TOTAL: 55 min

RINDE 4 PORCIONES

Este burrito desmantelado es una muestra perfecta de una comida basada en plantas. La quinoa y los frijoles negros son una poderosa combinación de proteínas mientras que los pimientos y el guacamole ofrecen una gran cantidad de vitaminas A, C y E, además de folato, fibra y ácidos grasos saludables para tu corazón.

INGREDIENTES:

2 tazas de quinoa cocida (ver receta en la página 357)

pico de gallo (ver receta en la página 263) o 2 jitomates pequeños, sin semillas y finamente picados

2 latas de 400 g de frijoles negros, enjuagados y escurridos

1 pimiento verde grande, lavado, despepitado y finamente picado

guacamole (ver receta en la página 260)

queso para nachos (ver receta en la página 353)

cebollín, para acompañar

PREPARACIÓN:

1. Prepara la quinoa y el pico de gallo.

2. En una ensaladera, coloca la quinoa, el pico de gallo, los frijoles, los pimientos y el guacamole en capas.

3. Añade queso para nachos y cebollín, y ¡disfruta!

CONSEJO: Almacena los sobrantes en un contenedor hermético por algunos días.

POR PORCIÓN: 329 calorías, 17 gramos de proteína, 58 gramos de carbohidratos, 5 gramos de grasa total

TAZÓN DE ARROZ A LA CUBANA

TIEMPO DE PREPARACIÓN: 15 min

TIEMPO DE COCCIÓN: 65 min

TIEMPO TOTAL: 80 min (no incluye el tiempo de preparación de las guarniciones opcionales)

RINDE 4 PORCIONES

Ésta es una de mis comidas favoritas porque me recuerda mi infancia. (¿Y a quién no le gustan los frijoles negros con arroz?)

INGREDIENTES:

3 tazas de arroz integral de grano corto (ver receta en la página 333)

2 latas de 400 g de frijoles negros, enjuagados y escurridos, o 3 tazas de frijoles negros (ver receta en la página 329)

2 plátanos machos muy maduros o plátanos maduros (ver receta en la página 267)

queso de nueces de la India (ver receta en la página 334), para rociar

cilantro, para acompañar

1 aguacate Hass, cortado por la mitad, deshuesado, pelado y rebanado (opcional)

pico de gallo (ver receta en la página 263) (opcional)

PREPARACIÓN:

1. Prepara el arroz integral de grano corto, los frijoles negros y los plátanos maduros, de acuerdo con sus respectivas recetas.

2. En cada tazón coloca ¾ de taza de arroz integral, ¾ de taza de frijoles negros y los plátanos, y rocía con queso de nueces de la India. Añade el cilantro ¡y disfruta!

3. Si gustas, añade un poco de aguacate picado o pico de gallo.

POR PORCIÓN: 464 calorías, 17 gramos de proteína, 95 gramos de carbohidratos, 4 gramos de grasa total

QUINOA CON CHAMPIÑO- NES Y ESPINACAS

TIEMPO DE PREPARACIÓN: 20 min

TIEMPO DE COCCIÓN: 35 min

TIEMPO TOTAL: 55 min (no incluye el tiempo de preparación de la quinoa)

RINDE 4 PORCIONES

De acuerdo al líder del bienestar y experto en salud, el doctor Joseph Mercola, "los hongos son una de las medicinas naturales más potentes del planeta. Los estudios recientes sugieren que sus propiedades anti-inflamatorias ayudan a personas con asma, artritis reumatoide, fallos renales y daños causados por los infartos cerebrales".*

Los hongos deben aparecer en más comidas porque nos brindan un alto valor nutritivo con vitaminas, minerales y fitonutrientes antioxidantes. Son una gran fuente de vitamina D_2, están llenos de vitaminas B y tienen una alta concentración de minerales, como selenio, cobre, zinc y manganeso.

Los piñones tostados complementan este plato y le dan un sabor crujiente.

* Véase: <http://articles.mercola.com/sites/articles/archive/2013/05/13/mushroom-benefits.aspx>.

INGREDIENTES:

2 cucharadas de piñones

2 cucharadas de aceite de canola o del aceite de tu preferencia

2 paquetes de 220 g de hongos, lavados y rebanados

2 cucharadas de aminos de coco

sal de mar, al gusto

1 lata de 400 g de garbanzos, enjuagados y escurridos (aproximadamente 1½ tazas)

4 tazas de espinacas

1 taza de quinoa cocida (ver receta en la página 357)

PREPARACIÓN:

1. Coloca los piñones en una sartén pequeña sin aceite y cuece a fuego medio-lento, revolviendo con frecuencia, por 3 minutos, o hasta dorarlos. Deja a un lado.

2. Calienta el aceite en una sartén a fuego medio. Añade los hongos, los aminos de coco y una pizca de sal. Revuelve cada cinco minutos, hasta dorar ligeramente los ingredientes. Para maximizar los nutrientes de los hongos, es importante no cocerlos demasiado.

3. Añade los garbanzos y las espinacas. Cuando las espinacas se empiecen a marchitar, añade la quinoa y revuelve unos minutos más. Prueba y ajusta el sazón, si es necesario.

4. ¡Sirve y disfruta!

NOTA: Es conveniente preparar un plato de quinoa por adelantado cada semana y tenerlo listo para este tipo de recetas.

POR PORCIÓN: 524 calorías, 21 gramos de proteína, 62 gramos de carbohidratos, 24 gramos de grasa total

ENSALADA DE QUINOA Y CAMOTE

TIEMPO DE PREPARACIÓN: 10 min

TIEMPO DE COCCIÓN: 15 min

TIEMPO TOTAL: 25 min (no incluye el tiempo de preparación de la quinoa)

RINDE 2 PORCIONES

Ésta es una de mis ensaladas favoritas por su forma de combinar texturas y sabores. Sus vitaminas y minerales tienen mucho sabor. Cada ingrediente de este plato cuenta con un poderoso perfil nutritivo. La quinoa es uno de los pocos alimentos basados en plantas que califica como proteína completa (contiene todos los aminoácidos esenciales). Los camotes están llenos de vitaminas A y C. Las semillas de calabaza proporcionan zinc, magnesio y ácidos grasos omega 3, que benefician al corazón. Los arándanos son bajos en calorías y se ha encontrado que ayudan a reducir el riesgo de muchos tipos de cáncer y de infecciones de las vías urinarias. Con tantos beneficios en tan sólo cuatro ingredientes, esta ensalada bien podría convertirse en una de tus favoritas.

INGREDIENTES:

1 camote pequeño o mediano

1 taza de quinoa cocida (ver receta en la página 357)

¼ de taza de semillas de calabaza (pepitas)

¼ de taza de arándanos deshidratados

PARA EL ADEREZO:

jugo de 1 naranja

jugo de 1 limón

1 cucharadita de mostaza de Dijon

pimienta negra fresca, molida, al gusto

1 pizca de sal de mar, o al gusto

PREPARACIÓN:

1. Lava el camote y córtalo en cubitos.

2. Cuece el camote al vapor durante 15 minutos o hasta que puedas atravesarlo fácilmente con un tenedor.

3. En un recipiente grande, mezcla el camote, la quinoa, las semillas de calabaza y los arándanos.

4. Para preparar el aderezo, combina todos los ingredientes en un recipiente.

5. Rocía el aderezo sobre la quinoa y espolvorea con pimienta negra fresca molida.

POR PORCIÓN: 403 calorías, 11 gramos de proteína, 70 gramos de carbohidratos, 10 gramos de grasa total

TAZÓN CRUJIENTE DE QUINOA

TIEMPO DE PREPARACIÓN: 30 min

TIEMPO DE COCCIÓN: 30 min

TIEMPO TOTAL: 60 min

RINDE 4 PORCIONES

La quinoa es un ingrediente completo y versátil, fácil de usar en un sinfín de recetas.

INGREDIENTES:

2 tazas de quinoa cocida (ver receta en la página 357)

2 zanahorias grandes, ralladas (aproximadamente $1\frac{1}{2}$ tazas)

1 lata de 400 g de frijoles negros, enjuagados y escurridos

1 jícama pequeña, pelada y cortada en cubitos de un centímetro (aproximadamente 1 taza)

$\frac{1}{2}$ taza de hojas frescas de perejil

vinagreta Dijon de limón (ver receta en la página 349)

1 aguacate Hass, cortado por la mitad, deshuesado, pelado y cortado en cubos

2 cucharadas de semillas de calabaza (pepitas)

PREPARACIÓN:

1. Prepara la quinoa y déjala a un lado.

2. Pela o talla las zanahorias, corta los extremos y rebana con un pelador o rallador y colócalas en un recipiente.

3. Añade la quinoa, los frijoles negros, la jícama, el perejil y el aderezo al recipiente y combina.

4. Añade cuidadosamente el aguacate y combina de nuevo con cuidado.

5. Sirve con las pepitas y ¡disfruta!

POR PORCIÓN: 398 calorías, 13 gramos de proteína, 54 gramos de carbohidratos, 17 gramos de grasa total

ARCOÍRIS DE VERDURAS AL HORNO

TIEMPO DE PREPARACIÓN: 30 min

TIEMPO DE COCCIÓN: 30 min

TIEMPO TOTAL: 60 min

RINDE 4 PORCIONES

Esta receta ofrece una manera fácil y rápida de disfrutar todos los beneficios de un plato de verduras sin sacrificar el sabor. Los camotes y las zanahorias rostizadas proporcionan una delicada dulzura que combina con los sabores del aguacate y la quinoa. Si la acompañas con unas gotas de crema de nueces de la India, es la receta perfecta.

INGREDIENTES:

2 tazas de quinoa cocida (ver receta en la página 357)

crema de nueces de la India (ver receta en la página 337)

1 berenjena, lavada y picada

sal, al gusto

1 camote grande, lavado y picado

1 calabacita grande, lavada y picada

1 calabaza de verano, lavada y picada

2 zanahorias grandes, lavadas y rebanadas

1 cucharada de aceite de canola, o del aceite de tu preferencia

sal de mar, al gusto

pimienta negra molida, al gusto

1 aguacate Hass, cortado por la mitad, deshuesado, pelado y rebanado

PREPARACIÓN:

1. Prepara la quinoa y la crema de nueces de la India y deja a un lado.

2. Precalienta el horno a 205 °C y cubre una bandeja para hornear con papel para hornear.

3. Para desflemar la berenjena, espolvoréala con sal y colócala en un colador durante 15 minutos.

4. Enjuaga la berenjena y sécala con toallas de papel. Colócala en la bandeja con el camote, la calabaza, la calabacita y las zanahorias. Rocía las verduras con un poco de aceite, sal y pimienta y hornea de 25 a 30 minutos. Cuando transcurra la mitad del tiempo, revuelve ligeramente las verduras. Retira cuando estén doradas y suaves. Evita que se quemen.

5. Sirve en un tazón grande con la quinoa, la berenjena, el camote, la calabacita, la calabaza de verano y la zanahoria en secciones o capas, o simplemente combina todos los ingredientes.

6. Sirve con aguacate rebanado, rocía con aderezo y ¡disfruta de inmediato!

NOTA: Para aumentar la cantidad de proteína de este plato, añade los frijoles de tu preferencia.

CONSEJO: Almacena las sobras en un contenedor hermético por algunos días.

POR PORCIÓN: 414 calorías, 13 gramos de proteína, 51 gramos de carbohidratos, 20 gramos de grasa total

PAELLA DE VERDURAS

TIEMPO DE PREPARACIÓN: 15 min

TIEMPO DE COCCIÓN: 60 min

TIEMPO TOTAL: 75 min (no incluye el tiempo de preparación de lasalsa de jitomate de la abuela)

RINDE 4 PORCIONES

La paella es una tradición española que combina arroz, ejotes, mariscos y carne. Con esta versión vegetal, hemos conservado las tradiciones. Sus ricos sabores y valor nutritivo la convertirán en uno de los platos favoritos de tu familia.

INGREDIENTES:

1 taza de salsa de jitomate de la abuela (ver receta en la página 345)

1 cucharada de aceite de canola

1 cucharadita de ajo, machacado

$^1/_2$ cebolla, finamente picada

1 pimiento rojo pequeño, lavado, descarozado, despepitado y finamente picado

$^3/_4$ de taza de chícharos congelados

1 lata de 400 g de garbanzos, escurridos y enjuagados (aproximadamente 1$^1/_2$ tazas)

1$^1/_4$ tazas de arroz integral de grano corto, sin cocer

3 tazas de caldo vegetal, sin sal, añadir más si es necesario

2 cucharaditas de paprika ahumada

1 cucharadita de cúrcuma en polvo

1 cucharadita de comino en polvo

1 cucharadita de sal de mar, o al gusto

pimienta negra, al gusto

1 limón, cortado en cuartos, para acompañar

perejil fresco, para acompañar

PREPARACIÓN:

1. Prepara la salsa de jitomate de la abuela y déjala a un lado.

2. En una sartén grande, calienta el aceite a fuego medio y sofríe el ajo, las cebollas y los pimientos hasta que se doren.

3. Añade la salsa de jitomate, los chícharos congelados y los garbanzos. Sofríe unos minutos más.

4. Agrega el arroz, el caldo vegetal, la paprika ahumada, la cúrcuma, el comino, la sal de mar y la pimienta.

5. Mezcla hasta que estén bien incorporados y hierve.

6. Reduce el fuego a medio-bajo, cubre la sartén y deja cocer durante 45 minutos. Si se evapora el líquido, pero el arroz sigue seco, añade más caldo vegetal y cuece por 10 minutos más.

7. Cuando el arroz esté cocido, retíralo del fuego y déjalo descansar por algunos minutos más, sin destapar.

8. Acompaña con gajos de limón y perejil, y sirve.

CONSEJO: Refrigera el sobrante en un contenedor hermético hasta por una semana.

POR PORCIÓN: 430 calorías, 12 gramos de proteína, 80 gramos de carbohidratos, 7 gramos de grasa total

PASTA BOLOÑESA

TIEMPO DE PREPARACIÓN: 20 min

TIEMPO DE COCCIÓN: 35 min

TIEMPO TOTAL: 55 min

RINDE 4 PORCIONES

Esta receta combina algunos de mis sabores favoritos (nueces de Castilla, salsa de jitomate y queso parmesano). Para crear un plato más ligero, prepárala con pasta cruda de verduras cortadas con un espiralizador.

INGREDIENTES:

1 paquete de 225 gramos de cabello de ángel (o capellini) sin cocer, o linguini

4 tazas de salsa de jitomate de la abuela (ver receta en la página 345)

1 taza de carne de nueces de Castilla (ver receta en la página 361)

queso parmesano, al gusto (ver receta en la página 354)

PREPARACIÓN:

1. Hierve una olla de agua salada y cuece la pasta según las instrucciones del paquete.

2. En una sartén, combina la salsa de jitomate de la abuela y la carne de nueces de Castilla y cuece a fuego lento de 5 a 10 minutos.

3. Sirve la pasta cubierta de salsa y queso parmesano ¡y disfruta!

POR PORCIÓN: 363 calorías, 9 gramos de proteína, 59 gramos de carbohidratos, 12 gramos de grasa total

INDULGENTE

ROLLATINI DE BERENJENA

TIEMPO DE PREPARACIÓN: 30 min
TIEMPO DE COCCIÓN: 45 min
TIEMPO TOTAL: 75 min

RINDE 2 PORCIONES

La comida italiana siempre me ha encantado, y el rollatini no es la excepción. Pero hace algunos años, después de dejar de consumir lácteos, estuve cerca de dejar de comer este plato. Hasta que descubrí esta receta.

INGREDIENTES:

sal, al gusto

1 berenjena, lavada y cortada en rebanadas finas de arriba abajo (de 8 a 10 rebanadas)

4 tazas de espinacas crudas

sal de mar, al gusto

2 tazas de salsa de jitomate de la abuela (ver receta en la página 345)

1 jitomate, lavado y cortado en rodajas finas

8 cucharadas de queso de nueces de la India (ver receta en la página 334)

1 taza de zanahoria rallada

5 jitomates *cherry*, lavados y cortados por la mitad

hojas secas de albahaca, al gusto

hojas secas de orégano, al gusto

pimienta negra molida, al gusto

PREPARACIÓN:

1. Para desflemar la berenjena, espolvoréala con sal y colócala en un colador durante 15 minutos.

2. Precalienta el horno a 190 ºC.

3. Enjuaga la berenjena y sécala con toallas de papel. Coloca las rebanadas sobre una bandeja para hornear y hornéalas durante 20 minutos.

4. En una sartén ligeramente engrasada, sofríe la espinaca a fuego medio-alto por 5 minutos, con una pizca de sal, hasta que se marchite por completo. Deja a un lado.

5. En un refractario (20 × 20 cm), añade 1 taza de salsa de jitomate, cubre con los jitomates rebanados y deja a un lado.

6. Para formar los rollitos de berenjena, coloca sobre cada rebanada de berenjena entre 2 cucharaditas y 1 cucharada de espinacas, queso de nueces de la India y zanahoria rallada antes de enrollar. Enrolla y coloca boca abajo sobre el recipiente. Repite con todas las rebanadas de berenjena. Cubre con más salsa de jitomate, jitomates *cherry*, albahaca, orégano, sal de mar y pimienta.

7. Hornea por 20 minutos o hasta dorar ligeramente la berenjena.

8. Sirve y ¡disfruta!

POR PORCIÓN: 333 calorías, 14 gramos de proteína, 47 gramos de carbohidratos, 14 gramos de grasa total

CODITOS CON QUESO

TIEMPO DE PREPARACIÓN: 10 min

TIEMPO DE COCCIÓN: 10 min

TIEMPO TOTAL: 20 min

RINDE 4 PORCIONES

Tus hijos aprobarán este plato sencillo que también puedes usar para consentirte sin remordimiento en el fin de semana.

INGREDIENTES:

queso de nueces de la India (ver receta en la página 334)

2 cucharaditas de cúrcuma en polvo

sal de mar, al gusto

280 g de pasta de coditos, sin gluten, sin cocer

cebolletas, para acompañar

PREPARACIÓN:

1. Prepara el queso de nueces de la India de acuerdo con la receta y combínalo con 2 cucharaditas de cúrcuma en polvo. Coloca a un lado mientras preparas la pasta.

2. Hierve una olla de agua con sal.

3. Añade la pasta y cuece de acuerdo con las instrucciones del paquete.

4. Escurre la pasta y guarda una taza del agua de la cocción, y devuelve los coditos a la olla.

5. Mezcla la salsa de queso suavemente y añádele el agua de la pasta hasta que la salsa obtenga el espesor deseado.

6. Sirve en tazones con cebolletas rebanadas.

POR PORCIÓN: 502 calorías, 14 gramos de proteína, 69 gramos de carbohidratos, 21 gramos de grasa total

PENNE CON CREMA DE ESPINACAS

TIEMPO DE PREPARACIÓN: 10 min

TIEMPO DE COCCIÓN: 10 min

TIEMPO TOTAL: 20 min

RINDE 4 PORCIONES

A veces me preguntan si llevar una dieta basada en plantas implica evitar comer pasta. Casi siempre respondo lo mismo: el problema no son las comidas con pasta, sino los otros ingredientes. Elige una pasta sin gluten y sin lácteos, que haya sido mínimamente procesada, que tenga valor nutritivo y prepárala con verduras frescas (y orgánicas, en la medida de lo posible), y prepara salsas caseras para obtener el mejor sabor y una alta densidad de nutrientes.

INGREDIENTES:

1 pizca de sal de mar

280 g de pasta de pasta de penne, sin gluten, sin cocer

150 g de espinacas *baby*

crema de nueces de la India (ver receta en la página 337)

2 cucharadas de piñones o al gusto

PREPARACIÓN:

1. Hierve una olla de agua con sal. Añade la pasta y cuece de acuerdo con las instrucciones del paquete.

2. En un procesador tritura la espinaca. Añádele la crema de nueces de la India y pulsa el botón del procesador hasta que los ingredientes se mezclen por completo.

3. Escurre la pasta, pero conserva 1 taza del agua de la cocción. Devuelve la pasta cocida a la olla.

4. Añade la salsa a la olla y revuelve suavemente con la pasta.

5. Prueba y ajusta el sazón, si es necesario. Añade ¼ de taza del agua de la pasta a la vez, para reducir el espesor de la salsa, hasta obtener la consistencia deseada.

6. ¡Sirve y acompaña con los piñones!

POR PORCIÓN: 409 calorías, 11 gramos de proteína, 63 gramos de carbohidratos, 14 gramos de grasa total

PASTA CON CREMA DE JITOMATE Y ALBAHACA

TIEMPO DE PREPARACIÓN: 20 min

TIEMPO DE COCCIÓN: 10 min

TIEMPO TOTAL: 30 min

RINDE 4 PORCIONES

Este plato complacerá a todos, incluyendo a los críticos más severos. Además no contiene ni gluten ni lácteos, que suelen irritar el sistema digestivo y causar alergias en algunas personas. Ahora puedes disfrutar la pasta como antes.

INGREDIENTES:

$\frac{1}{4}$ a $\frac{1}{2}$ cucharadita de sal de mar, o al gusto

280 g de pasta, sin gluten (fusilli u otra pasta espiral), sin cocer

1 cucharada de aceite de oliva

$\frac{1}{4}$ de cebolla pequeña, picada

2 jitomates grandes, sin semillas y picados

4 hojas de albahaca, picadas (reserva un poco para acompañar)

$\frac{1}{4}$ de taza de agua, para reducir el espesor de la salsa (opcional)

1 taza de crema de nueces de la India (ver receta en la página 337)

queso parmesano, al gusto (ver receta en la página 354)

PREPARACIÓN:

1. Hierve una olla de agua con sal.

2. Añade la pasta y cuece de acuerdo con las instrucciones del paquete.

3. Calienta el aceite de oliva en una sartén sobre fuego medio-alto y saltea las cebollas por unos minutos con una pizca de sal, hasta que las cebollas se transparenten.

4. En una licuadora o procesador, procesa los jitomates, la albahaca, la crema de nueces de la India, las cebollas y ¼ de cucharadita de sal, hasta obtener una salsa cremosa. Vierte la salsa en la sartén, revuelve y cuece a fuego lento durante cinco minutos. Para reducir el espesor de la salsa, añade una cucharada de agua a la vez, hasta obtener la consistencia deseada.

5. Escurre y enjuaga la pasta, y devuélvela a la olla.

6. Vierte la salsa en la olla y combina suavemente con la pasta. Prueba y ajusta el sazón, si es necesario.

7. ¡Sirve con queso parmesano y albahaca!

POR PORCIÓN: 466 calorías, 13 gramos de proteína, 69 gramos de carbohidratos, 17 gramos de grasa total

REFRIGERIOS Y GUARNICIONES

A VECES NECESITAS un impulso a media tarde o antes de hacer ejercicio, para aumentar tus niveles de energía.

Estas recetas son versátiles, deliciosas y, desde luego, saludables. Sírvelas en la siguiente fiesta con tu familia y amigos, o como un refrigerio en una tarde ajetreada. Las salsas y guarniciones suelen completar nuestras comidas, y combinan perfectamente con nuestras entradas ligeras o indulgentes. Éstas son nuestras recetas favoritas y sin duda deleitarán a tu familia y amigos.

REFRIGERIOS: LIGEROS

(MENOS DE 150 CALORÍAS)

Coctel de moras   247

Pay de plátano con mantequilla de girasol   248

Nueces pecanas y nueces de la India acarameladas   251

Galletas crujientes   252

Chips de calabacín con sal y vinagre   255

Garbanzos crujientes   256

Bistec de coliflor al curry   259

Guacamole   260

Pico de gallo   263

Puré de coliflor   264

Plátanos maduros (plátanos machos al horno)   267

Col de Bruselas balsámica al horno   268

Brócoli al horno con parmesano   271

LIGERO

COCTEL DE MORAS

TIEMPO DE PREPARACIÓN: 10 min

TIEMPO DE COCCIÓN: 0 min

TIEMPO TOTAL: 10 min

RINDE 4 PORCIONES

Este plato bien podría llamarse coctel antioxidante, porque está lleno de antioxidantes que te brindarán óptima salud con el delicioso sabor de un hermoso postre.

INGREDIENTES:

1 taza de fresas frescas, lavadas, sin cáliz y cortadas en cuartos de arriba abajo

1 taza de moras azules, lavadas

1 taza de zarzamoras, lavadas

1 taza de frambuesas, lavadas

jugo de 3 o 4 naranjas frescas (aproximadamente 1 taza)

menta fresca, para acompañar

PREPARACIÓN:

1. Divide las moras equitativamente entre 4 copas

2. Vierte un poco de jugo fresco en cada vaso, cubre con menta y ¡disfruta!

CONSEJO: Acompaña esta receta con una cucharada de crema batida de coco (ver receta en la página 338). Refrigera los sobrantes en un contenedor hermético por varios días.

POR PORCIÓN: 92 calorías, 2 gramos de proteína, 22 gramos de carbohidratos, 1 gramo de grasa total

PAY DE PLÁTANO CON MANTEQUILLA DE GIRASOL

TIEMPO DE PREPARACIÓN: 5 min

TIEMPO DE COCCIÓN: 0 min

TIEMPO TOTAL: 2 h 5 min

RINDE 2 PORCIONES

Esta receta de dos ingredientes es sencilla y deliciosa, ¡y a los niños les encanta!

INGREDIENTES:

1 plátano maduro

1 cucharada de mantequilla de girasol

PREPARACIÓN:

1. Pela el plátano, colócalo en un tazón y machácalo con un tenedor.

2. Congela el plátano machacado en una charola moldeada (o simplemente moldéalo con las manos en la forma que gustes). Coloca los plátanos moldeados sobre papel para hornear y mételos al congelador, hasta que se congelen por completo.

3. Retira el plátano del congelador y cúbrelo con mantequilla de girasol. Congela de nuevo.

4. Espera a que se endurezca antes de retirar del congelador y servir.

POR PORCIÓN: 102 calorías, 2 gramos de proteína, 15 gramos de carbohidratos, 5 gramos de grasa total

NUECES PECANAS Y NUECES DE LA INDIA ACARAME-LADAS

TIEMPO DE PREPARACIÓN: 5 min

TIEMPO DE COCCIÓN: 10 min

TIEMPO TOTAL: 15 min

RINDE 8 PORCIONES

Lo bueno es que esta receta es rápida y sencilla, porque tus familiares se acabarán estas nueces al instante.

INGREDIENTES:

¼ de taza de nueces pecanas

¼ de taza de nueces de la India

1 cucharada de miel de maple

1 pizca de sal

1 pizca de pimienta negra fresca, molida

PREPARACIÓN:

1. Precalienta el horno a 180 °C.

2. Coloca todos los ingredientes en un tazón apto para el horno y revuelve hasta cubrir las nueces equitativamente.

3. Coloca las nueces en el horno por 7 u 8 minutos o hasta que se seque la miel de maple.

4. Retira las nueces del horno. Cuando se enfríen, sepáralas ¡y disfruta!

NOTA: Esta receta también es posible con un solo tipo de nuez. Simplemente cambia ¼ de taza de nueces de la India por más pecanas o viceversa.

POR PORCIÓN: 57 calorías, 1 gramo de proteína, 4 gramos de carbohidratos, 5 gramos de grasa total

GALLETAS CRUJIENTES

TIEMPO DE PREPARACIÓN: 10 min

TIEMPO DE COCCIÓN: 45 min

TIEMPO TOTAL: 55 min

RINDE 8 GALLETAS

¡Disfruta estas galletas como refrigerio o como acompañamiento para tus comidas basadas en plantas favoritas!

INGREDIENTES:

$\frac{1}{4}$ de taza de harina de almendras o almendras molidas

$\frac{1}{2}$ taza de harina de avena sin gluten

$1\frac{1}{2}$ cucharadas de semillas de calabaza, divididas

$1\frac{1}{2}$ cucharadas de semillas de girasol, divididas

2 cucharadas de linaza, molida

$\frac{1}{2}$ taza de agua

$\frac{1}{4}$ de cucharadita de sal de mar, o al gusto

PREPARACIÓN:

1. Precalienta el horno a 160 °C. Cubre una bandeja para hornear con papel para hornear.

2. Combina todos los ingredientes en un tazón (excepto 1 cucharada de semillas de girasol, 1 cucharada de semillas de calabaza y la sal).

3. Reposa la mezcla de 5 a 10 minutos para que se absorba el líquido y la masa aumente de espesor.

4. Con el dorso de una cuchara, distribuye la masa en una capa fina sobre la bandeja para hornear, esparce las semillas de girasol y las semillas de calabaza y espolvorea la sal sobre la superficie.

5. Corta cuidadosamente la masa en 8 rectángulos con un cuchillo. Si lo prefieres, haz porciones más pequeñas.

6. Hornea por 45 minutos o hasta que las galletas se doren.

7. Déjalas enfriar ¡y disfruta!

CONSEJO: Cuando estén completamente frías, almacena los sobrantes en un contenedor hermético a temperatura ambiente hasta por una semana. También puedes prefabricar la masa, envolverla en plástico y almacenarla en el refrigerador durante unos días. Sigue las instrucciones antes de hornear.

POR PORCIÓN: 73 calorías, 3 gramos de proteína, 7 gramos de carbohidratos, 4 gramos de grasa total

CHIPS DE CALABACITA CON SAL Y VINAGRE

TIEMPO DE PREPARACIÓN: 5 min

TIEMPO DE COCCIÓN: 20 min

TIEMPO TOTAL: 25 min (o hasta 12 horas si usas un deshidratador)

RINDE 2 PORCIONES

Las chips de calabaza son una alternativa saludable ante las botanas comerciales. Nos encanta prepararlas en un deshidratador, pero también se hacen fácilmente en el horno.

INGREDIENTES:

1 calabacita grande

vinagre blanco, para remojar

1 pizca de sal de mar

pimienta negra fresca, molida, al gusto

PREPARACIÓN:

1. Precalienta el horno a 180 °C.

2. Cubre una bandeja para hornear con papel para hornear.

3. Rebana la calabacita en rodajas finas de 2 milímetros.

4. En un recipiente, remoja las rodajas de calabacita en vinagre blanco por 30 minutos y escurre.

5. Revuelve las rebanadas con sal de mar y pimienta fresca molida.

6. Hornea hasta que estén crujientes, durante 20 minutos, aproximadamente. (Es recomendable vigilar que las chips no se quemen, porque cada horno es diferente.) Disfruta.

NOTA: Estas chips también se hacen en el deshidratador, pero toma mucho más tiempo.

POR PORCIÓN: 29 calorías, 2 gramos de proteína, 5 gramos de carbohidratos, 1 gramo de grasa total

GARBANZOS CRUJIENTES

TIEMPO DE PREPARACIÓN: 10 min

TIEMPO DE COCCIÓN: 35 min

TIEMPO TOTAL: 45 min

RINDE 2 PORCIONES

Siempre me han fascinado los garbanzos y no hay nada más rico que los alimentos crujientes. Esta receta combina ambas cosas ¡y es una botana sin remordimiento!

INGREDIENTES:

1^1/$_2$ tazas de garbanzos cocidos, o el contenido de una lata de 400 gramos, escurridos y enjuagados

1 cucharada de aceite de oliva extra virgen

^{1}/$_2$ cucharadita de ajo en polvo

^{1}/$_2$ cucharadita de sal de mar, o al gusto

pimienta negra, molida, al gusto

PREPARACIÓN:

1. Precalienta el horno a 205 °C. Cubre una bandeja para hornear con papel para hornear.

2. Enjuaga y escurre los garbanzos en un colador y retira la piel delgada de los garbanzos. Seca con una toalla para remover la mayor cantidad de humedad posible. Esto ayuda a obtener una textura más crujiente.

3. En un tazón mediano, combina los garbanzos con el aceite, el ajo en polvo, la sal de mar y la pimienta.

4. Distribuye los garbanzos sobre la bandeja para hornear y hornéalos por 35 minutos hasta que estén dorados y crujientes. Revuélvelos un par de veces y evita que se quemen. Al enfriarse, los garbanzos alcanzarán una textura aún más crujiente.

5. Enfría por completo y deja los garbanzos a un lado hasta requerirlos de nuevo o almacénalos en un contenedor hermético a temperatura ambiente. Es ideal consumirlos antes de dos días.

POR PORCIÓN: 146 calorías, 5 gramos de proteína, 18 gramos de carbohidratos, 6 gramos de grasa total

BISTEC DE COLIFLOR AL CURRY

TIEMPO DE PREPARACIÓN: 5 min

TIEMPO DE COCCIÓN: 20 min

TIEMPO TOTAL: 25 min

RINDE 4 PORCIONES

La coliflor aumenta tu inmunidad y está llena de antioxidantes, fibra y vitaminas C y K, que ayudan a disminuir la inflamación.

INGREDIENTES:

1 cabeza grande de coliflor

2 cucharadas de aceite de coco, derretido

1 cucharadita de polvo de curry

1 cucharadita de paprika en polvo

1 cucharadita de comino en polvo

1 cucharadita de cúrcuma en polvo

jugo de ½ limón

¼ a ½ cucharadita de sal de mar, o al gusto

cebollín, para acompañar

cebolletas, para acompañar

limón en gajos, para servir

PREPARACIÓN:

1. Precalienta el horno a 230 ºC. Cubre una bandeja para hornear con papel para hornear.

2. Lava y rebana la coliflor de arriba abajo, para obtener al menos 4 rebanadas de 2 centímetros de grosor. Guarda los pedacitos que se desprendan para otra receta como coliflor con queso (ver receta en la página 284), o simplemente hornéalos junto con los bisteces.

3. En un recipiente combina el aceite, las especias, el jugo de limón y la sal. Cubre las rebanadas de coliflor con esta mezcla.

4. Coloca los bisteces en la bandeja para hornear y hornea de 15 a 20 minutos, o hasta que se doren.

5. Sirve con cebollín, cebolletas, gajos de limón y ¡disfruta!

POR PORCIÓN: 129 calorías, 5 gramos de proteína, 14 gramos de carbohidratos, 8 gramos de grasa total

GUACAMOLE

TIEMPO DE PREPARACIÓN: 10 min

TIEMPO DE COCCIÓN: 0 min

TIEMPO TOTAL: 10 min

RINDE 2 PORCIONES

Disfruta este guacamole con nuestros chips o como guarnición de cualquiera de nuestras recetas, como la ensalada de frijoles negros, camote y quinoa (ver receta en la página 185).

INGREDIENTES:

1 aguacate Hass, deshuesado, pelado y picado

jugo de $\frac{1}{2}$ limón, o más, al gusto

$\frac{1}{4}$ cucharadita de sal, o al gusto

2 cucharadas de jitomate, despepitado y finamente picado

2 cucharadas de cebolla blanca, picada

$\frac{1}{2}$ jalapeño fresco, despepitado y machacado, o una pizca de jalapeño en polvo

2 cucharadas de hojas de perejil, picadas, o de cilantro, para acompañar

PREPARACIÓN:

1. En un recipiente, usa un tenedor para machacar el aguacate con el jugo de limón y la sal. Usa un molcajete si deseas una consistencia más uniforme.

2. Añade y revuelve el resto de los ingredientes. Si deseas una consistencia más cremosa, usa un procesador de alimentos.

3. Sirve en un tazón y cubre con hojas de perejil (o cilantro) y disfruta como refrigerio o guarnición.

NOTA: ¡Es ideal consumir el guacamole de inmediato para evitar que los aguacates se oxiden! Refrigera el sobrante hasta por un día en un contenedor hermético para mantener la frescura.

POR PORCIÓN: 126 calorías, 2 gramos de proteína, 9 gramos de carbohidratos, 11 gramos de grasa total

PICO DE GALLO

TIEMPO DE PREPARACIÓN: 10 min

TIEMPO DE COCCIÓN: 0 min

TIEMPO TOTAL: 10 min

RINDE 4 PORCIONES

Este pico de gallo funciona como salsa o como guarnición para muchas de nuestras recetas, por ejemplo las copitas de pimiento rojo rellenas con lentejas y aguacate (ver receta en la página 205), el burrito de frijoles negros en tazón (ver receta en la página 218) o el tazón de arroz a la cubana (ver receta en la página 221).

INGREDIENTES:

2 jitomates grandes frescos, picados (aproximadamente 2 tazas)

1 cebolla blanca pequeña, finamente picada ($1/2$ taza)

2 cucharadas de hojas de perejil, picadas, o de cilantro, para acompañar

1 jalapeño, machacado, sin despepitar por completo

1 diente de ajo, machacado, o 1 pizca de ajo en polvo (opcional)

jugo de 1 limón

$1/4$ de cucharadita de sal, o al gusto

PREPARACIÓN:

1. Combina todos los ingredientes en un recipiente.

2. Coloca el pico de gallo en un tazón para servir y cubre con hojas de perejil o cilantro ¡y disfruta!

POR PORCIÓN: 12 calorías, 0 gramos de proteína, 3 gramos de carbohidratos, 0 gramos de grasa total

PURÉ DE COLIFLOR

TIEMPO DE PREPARACIÓN: 5 min

TIEMPO DE COCCIÓN: 25 min

TIEMPO TOTAL: 30 min

RINDE 4 PORCIONES

Por fin tenemos una receta que compite con el puré de papa. La coliflor es una excelente fuente de vitaminas C, K y B_6, además de folato, fibra y ácidos grasos omega 3. Esta receta está llena de nutrientes y sabores cremosos.

INGREDIENTES:

4 tazas de ramitos de coliflor (1 cabeza grande)

1 diente de ajo, machacado

2 cucharadas de aceite de oliva extra virgen

sal de mar, al gusto

1 pizca de cebollín, picado, para acompañar

PREPARACIÓN:

1. Precalienta el horno a 230 °C y cubre una bandeja para hornear con papel para hornear.

2. Hierve una olla grande de agua con sal.

3. Añade 3 tazas de coliflor a la olla y déjala hervir de 8 a 10 minutos, hasta que los ramitos estén tiernos.

4. Escurre los ramitos y colócalos en una licuadora o en un procesador de alimentos.

5. Añade el ajo y 1 cucharada de aceite de oliva y procesa hasta obtener un puré. Prueba y ajusta el sazón, si es necesario. Coloca a un lado mientras preparas la guarnición.

6. Para preparar la guarnición, revuelve la taza restante de coliflor con una cucharada de aceite de oliva y una pizca de sal. Hornea la mezcla sobre la bandeja para hornear durante 15 minutos o hasta que se empiece a dorar.

7. En un tazón para servir distribuye el puré de coliflor y los ramitos horneados sobre la superficie con una pizca de cebollín ¡y disfruta!

POR PORCIÓN: 114 calorías, 4 gramos de proteína, 11 gramos de carbohidratos, 8 gramos de grasa total

PLÁTANOS MADUROS (PLÁTANOS MACHOS AL HORNO)

TIEMPO DE PREPARACIÓN: 5 min

TIEMPO DE COCCIÓN: 30 min

TIEMPO TOTAL: 35 min

RINDE 4 PORCIONES

En mi infancia algunos alimentos nunca faltaban en la mesa, entre ellos los plátanos maduros. Son una gran fuente de potasio y fibra y contienen más vitaminas A y C que los plátanos comunes. Te encantará la deliciosa dulzura de estas bellezas doradas. Honestamente, podría comer plátanos maduros todos los días y nunca me cansaría.

INGREDIENTES:

2 plátanos machos muy maduros, de cáscara café o negra y de consistencia muy suave

PREPARACIÓN:

1. Precalienta el horno a 205 °C y cubre una bandeja para hornear con papel para hornear.

2. Corta los extremos de los plátanos y traza dos o tres cortes a lo largo de la cáscara con un cuchillo afilado, para ayudar a pelar los plátanos sin desmoronarlos.

3. Retira cuidadosamente la cáscara, en secciones.

4. Rebana cada plátano diagonalmente en rodajas ovaladas de 1 centímetro de ancho. O corta el plátano por la mitad y entonces rebana cada una de las secciones de arriba abajo para obtener 4 trozos.

5. Coloca los plátanos sobre la bandeja y hornea por 30 minutos.

6. Retira del horno cuando los plátanos estén y acaramelados ¡y disfruta!

OPCIONAL:

▸ Prepara los plátanos en una sartén grande ligeramente engrasada con aceite de coco, sobre fuego lento, por 5 minutos de cada lado.

POR PORCIÓN: 109 calorías, 1 gramo de proteína, 29 gramos de carbohidratos, 0 gramos de grasa total

COL DE BRUSELAS BALSÁMICA AL HORNO

TIEMPO DE PREPARACIÓN: 15 min

TIEMPO DE COCCIÓN: 35 min

TIEMPO TOTAL: 50 min

RINDE 4 PORCIONES

Esta guarnición debería aparecer en todos los menús. Las coles de Bruselas tienen mucho sabor y están llenas de vitaminas K, C, y B$_6$, de folato, manganeso, fibra y potasio. Son el acompañamiento perfecto para cualquier plato.

INGREDIENTES:

$^1/_2$ kilo de coles de Bruselas

2 cucharadas de aceite de canola

1 cucharada de vinagre balsámico

$^1/_2$ cucharadita de sal de mar, o al gusto

pimienta negra molida, o al gusto

1 pizca de romero

PREPARACIÓN:

1. Precalienta el horno a 190 °C y cubre una bandeja para hornear con papel para hornear.

2. Enjuaga y escurre las coles de Bruselas en un colador.

3. Corta los tallos, retira las hojas sueltas y corta las coles por la mitad.

4. Coloca las coles en un recipiente y combínalas con el aceite, el vinagre balsámico, la sal, la pimienta y el romero. Deja marinar unos minutos.

5. Coloca la mezcla en la bandeja para hornear y hornea de 30 a 35 minutos. Revuelve las coles una vez para que se doren parejo.

6. Retira del horno ¡y disfruta!

POR PORCIÓN: 112 calorías, 10 gramos de proteína, 7 gramos de carbohidratos, 4 gramos de grasa total

BRÓCOLI AL HORNO CON PARMESANO

TIEMPO DE PREPARACIÓN: 10 min

TIEMPO DE COCCIÓN: 20 min

TIEMPO TOTAL: 30 min

RINDE 4 PORCIONES

Este plato te ayudará a introducir los beneficios nutritivos del brócoli a tus hijos de una manera que les encantará.

INGREDIENTES:

2 cabezas grandes de brócoli, rebanadas en ramitos

2 cucharadas de aceite de canola

$^3/_4$ de cucharada de sal de mar, o al gusto

pimienta negra molida, al gusto

2 cucharadas de queso parmesano (ver receta en la página 354)

PREPARACIÓN:

1. Precalienta el horno a 205 ºC.

2. Enjuaga y escurre el brócoli en un colador.

3. En un recipiente, combina el brócoli con el aceite, la sal y la pimienta.

4. Hornea la mezcla en una bandeja para hornear por 20 minutos, o hasta que el brócoli esté crujiente por fuera y tierno por dentro.

5. Retira del horno, revuelve inmediatamente con queso parmesano ¡y sirve!

POR PORCIÓN: 106 calorías, 3 gramos de proteína, 5 gramos de carbohidratos, 9 gramos de grasa total

NIVEL 2

REFRIGERIOS: INDULGENTES

(150 O MÁS CALORÍAS)

Frijoles BBQ   275

Pudín de chía con chocolate   276

Surtido poderoso   279

Lentejas crujientes   280

Chips de col rizada con queso   283

Coliflor con queso   284

Papas a la francesa horneadas con queso   287

INDULGENTE

FRIJOLES BBQ

TIEMPO DE PREPARACIÓN: 10 min

TIEMPO DE COCCIÓN: 2 h

TIEMPO TOTAL: 2 h 10 min

RINDE 4 PORCIONES

Los frijoles son un alimento rico en hierro, potasio, proteína, folato, fibra, vitaminas y minerales. Esta guarnición podría ser fácilmente un plato principal. ¡Estos frijoles nos encantan con aguacate!

INGREDIENTES:

1 taza de frijoles blancos del norte, sin cocer, remojados una noche en 3 tazas de agua

2½ tazas de agua

1 taza de salsa BBQ (ver receta en la página 326)

1 cucharadita de miel de maple

1 pizca de sal de mar

PREPARACIÓN:

1. Enjuaga y escurre los frijoles.

2. Hierve los frijoles en una olla con 2½ tazas de agua.

3. Reduce el fuego a medio-bajo y cuece los frijoles por 2 horas. Añade la salsa BBQ, la miel de maple y la sal al concluir la primera hora de cocción. Agrega más agua y ajusta el sazón si es necesario.

4. Cuando los frijoles estén suaves, sirve y ¡disfruta!

CONSEJO: Refrigera los sobrantes dentro de un contenedor hermético por algunos días.

POR PORCIÓN: 194 calorías, 11 gramos de proteína, 37 gramos de carbohidratos, 1 gramo de grasa total

PUDÍN DE CHÍA CON CHOCOLATE

TIEMPO DE PREPARACIÓN: 5 min

TIEMPO DE COCCIÓN: 0 min

TIEMPO TOTAL: 5 min (no incluye el tiempo de refrigeración)

RINDE 2 PORCIONES

Las semillas de chía son una fabulosa fuente de ácidos grasos omega 3, que son buenos para el corazón. Este pudín beneficiará la salud de tu corazón y te aportará una porción extra de proteínas.

INGREDIENTES:

3 cucharadas de semillas de chía

1 taza de leche endulzada de almendras y vainilla, o de otro sustituto de leche no láctea

1 cucharada de Proteína en Polvo a Base de Plantas 22 Días sabor chocolate

2 cucharadas de cacao en polvo

1 cucharada de miel de maple (añade 1 más si te gusta más dulce)

1 cucharada de chispas veganas de chocolate, para esparcir

PREPARACIÓN:

1. Licua todos los ingredientes, excepto las chispas de chocolate, hasta obtener una mezcla cremosa. Prueba y añade más miel de maple para endulzar más.

2. Vierte la mezcla en dos copas para servir y refrigera mínimo por 30 minutos para permitir que la mezcla se enfríe y espese.

3. Sirve frío con chispas de chocolate y ¡disfruta!

POR PORCIÓN: 386 calorías, 23 gramos de proteína, 44 gramos de carbohidratos, 16 gramos de grasa total

SURTIDO PODEROSO

TIEMPO DE PREPARACIÓN: 5 min

TIEMPO DE COCCIÓN: 0 min

TIEMPO TOTAL: 5 min

RINDE 4 PORCIONES

Esta mezcla de nueces y frutas secas es una gran fuente de fibra y proteínas, y también te aportará grandes cantidades de vitaminas benéficas y antioxidantes. Este surtido complementa tu desayuno o sirve como refrigerio saludable para cargarte de energía.

INGREDIENTES:

$\frac{1}{2}$ taza de nueces de la India, crudas

$\frac{1}{2}$ taza de almendras, crudas

$\frac{1}{4}$ taza de nueces de Castilla, crudas

$\frac{1}{4}$ de taza de moras doradas

$\frac{1}{4}$ de taza de pasas

2 cucharadas de arándanos secos

1 cucharada de hojuelas de coco, sin endulzar

PREPARACIÓN:

1. Combina todos los ingredientes en un recipiente.

2. ¡Sirve y disfruta!

CONSEJO: Almacena en un frasco cerrado.

POR PORCIÓN: 348 calorías, 9 gramos de proteína, 33 gramos de carbohidratos, 22 gramos de grasa total

LENTEJAS CRUJIENTES

TIEMPO DE PREPARACIÓN: 10 min

TIEMPO DE COCCIÓN: 45 min

TIEMPO TOTAL: 55 min

RINDE 2 PORCIONES

Las lentejas son una increíble fuente de proteínas alcalinas. A mis familiares les encanta el sabor y nos divertimos creando todo tipo de recetas con lentejas. Aquí hay una que no es muy común.

INGREDIENTES:

$^3/_4$ de taza de lentejas sin cocer o una lata de 400 g, escurrida y enjuagada

$^1/_2$ cucharada de aceite de oliva extravirgen

$^1/_2$ cucharadita de ajo en polvo

sal de mar, al gusto

pimienta negra, molida, al gusto

PREPARACIÓN:

1. Enjuaga las lentejas y colócalas en una olla con agua (que el nivel del agua supere el nivel de las lentejas por 4 centímetros) y hierve.

2. Reduce el fuego y hierve a fuego lento por unos 20 minutos. Revuelve ocasionalmente.

3. Precalienta el horno a 190 °C y cubre una bandeja para hornear con papel para hornear.

4. Cuando las lentejas estén suaves, escúrrelas en un colador y sécalas con una toalla para remover la humedad restante.

5. En un recipiente mezcla las lentejas con el aceite, el ajo en polvo, la sal de mar y la pimienta.

6. Distribuye las lentejas sobre la bandeja para hornear y hornea entre 24 y 26 minutos, o hasta que estén crujientes. Revuelve de vez en cuando mientras estén en el horno para impedir que se quemen.

7. Enfría las lentejas y ¡disfruta!

CONSEJO: Una vez que las lentejas estén frías, se pueden almacenar en un recipiente hermético o en un frasco cerrado.

POR PORCIÓN: 191 calorías, 12 gramos de proteína, 29 gramos de carbohidratos, 3 gramos de grasa total

CHIPS DE COL RIZADA CON QUESO

TIEMPO DE PREPARACIÓN: 10 min

TIEMPO DE COCCIÓN: 35 min

TIEMPO TOTAL: 45 min (no incluye el tiempo para remojar las nueces de la India)

RINDE 4 PORCIONES

Descubrí las chips de col rizada en mi mercado local, pero me empezaron a gustar cuando creamos nuestra propia receta en casa. Normalmente las hacemos en un deshidratador, pero a nuestros hijos les gustan sin importar cómo las preparemos.

INGREDIENTES:

1 manojo grande de col rizada, sin tallos

1 taza de nueces de la India, remojadas previamente en agua por 30 minutos

1 pimiento rojo pequeño, lavado, despepitado y picado

2 cucharadas de levadura nutricional

jugo de 1 limón

1 cucharadita de semillas de chía, molidas

$\frac{1}{2}$ a $\frac{3}{4}$ de cucharadita de sal de mar, o al gusto

$\frac{1}{4}$ de taza de agua

PREPARACIÓN:

1. Precalienta el horno a 150 °C y cubre una bandeja para hornear con papel para hornear. Posiblemente sea necesario usar dos bandejas.

2. Lava y seca bien las hojas de col rizada.

3. Enjuaga y escurre las nueces de la India y colócalas en un procesador o en una licuadora. Añade la pimienta, la levadura nutricional, el jugo de limón, las semillas de chía, la sal y el agua. Licua hasta que estén suaves.

4. Rompe las hojas de col rizada con las manos y colócalas en un recipiente.

5. Usa las manos para combinar la col rizada con la salsa. Coloca y distribuye bien las hojas sobre la bandeja para hornear sin que empalmen, en una sola capa, para que salgan más crujientes.

6. Hornea de 30 a 35 minutos y voltea las hojas. Hornea de 15 a 18 minutos más.

7. Si prefieres el deshidratador, coloca las hojas a 45 °C por 12 horas. Las chips estarán listas cuando estén crujientes.

CONSEJO: Los sobrantes pueden acompañar la crema de col rizada (ver receta en la página 156).

POR PORCIÓN: 590 calorías, 25 gramos de proteína, 46 gramos de carbohidratos, 40 gramos de grasa total

COLIFLOR CON QUESO

TIEMPO DE PREPARACIÓN: 5 min

TIEMPO DE COCCIÓN: 20 min

TIEMPO TOTAL: 25 min (no incluye el tiempo de preparación del queso mozzarella)

RINDE 4 PORCIONES

Las verduras no tienen que ser siempre aburridas para ser nutritivas. Me encantaría que este plato apareciera en todos los menús del país: ¡es una mezcla perfecta de sabor, textura y nutrición!

INGREDIENTES:

1 cabeza grande de coliflor

1 cucharada de paprika en polvo

jugo de $^1/_2$ limón

$^1/_4$ a $^1/_2$ cucharadita de sal de mar, o al gusto

4 cucharadas de queso mozzarella (ver receta en la página 350)

cebollín, para acompañar

PREPARACIÓN:

1. Precalienta el horno a 230 °C.

2. Lava y corta la coliflor en ramitos pequeños.

3. En un recipiente, mezcla la paprika, el limón y la sal de mar.

4. Incorpora los ramitos de coliflor.

5. Coloca la mezcla en un refractario de 4 porciones o en un plato grande para hornear. Cubre con queso.

6. Hornea de 15 a 20 minutos o hasta dorar.

7. Cubre con cebollín picado y ¡disfruta!

POR PORCIÓN: 186 calorías, 8 gramos de proteína, 21 gramos de carbohidratos, 10 gramos de grasa total

PAPAS A LA FRANCESA HORNEADAS CON QUESO

TIEMPO DE PREPARACIÓN: 15 min

TIEMPO DE COCCIÓN: 40 min

TIEMPO TOTAL: 55 min

RINDE 4 PORCIONES

A todos nos encantan las papas a la francesa, pero no siempre nos gustan las sensaciones que nos provocan. Esta deliciosa alternativa es nutritiva y deliciosa, y te dejará satisfecho mientras practicas el hábito de elegir opciones más saludables.

INGREDIENTES:

4 papas Yukon medianas

2 cucharadas de aceite de oliva

1 cucharadita de comino, en polvo

1 cucharadita de paprika ahumada, en polvo

1 pizca de romero

1 pizca de sal de mar

queso para nachos (ver receta en la página 353)

PREPARACIÓN:

1. Precalienta el horno a 180 °C y cubre una bandeja para hornear con papel para hornear.

2. Lava bien las papas y córtalas en gajos.

3. En un recipiente mezcla las papas con los demás ingredientes, excepto el queso para nachos.

4. Hornea las papas por aproximadamente 40 minutos.

5. Retira del horno, rocía con queso para nachos ¡y disfruta!

POR PORCIÓN: 277 calorías, 6 gramos de proteína, 41 gramos de carbohidratos, 11 gramos de grasa total

POSTRES

ESTAR A DIETA NO SIGNIFICA SACRIFICAR las cosas más exquisitas de la vida, como los postres. Las tentaciones dulces que atraen a tu paladar no tienen que arruinar tu cintura ni tu figura. Mantén el ánimo dulce mientras deleitas a tu familia, a tus invitados y a ti mismo con minibrownies, galletas con chispas de chocolate o mi postre favorito en tiempos recientes: plátanos maduros *à la mode*.

En casa comemos fruta de postre, porque nos encanta la dulzura de las moras y las peras y las manzanas y los mangos. Pero a veces, cuando realmente queremos celebrar, mi bella esposa, Marilyn, nos sorprende con sus famosas bolitas divinas de nuez pecana con maple, o con su pay de limón. (Sí, las recetas están en este libro.)

Nuestros postres son el complemento perfecto para después de comer. Llévalos como obsequio cuando te inviten a una cena, o si vas a una fiesta. Cualquier día es bueno para un refrescante raspado de sandía o un delicioso helado de coco; simplemente lleva la cuenta de las calorías y del tamaño de las porciones. Consiéntete dentro de tu plan de alimentación; no hay nada más gozoso que salirte con la tuya comiendo pastel y bajando de peso al mismo tiempo.

NIVEL 1

POSTRE: LIGERO

(150 CALORÍAS O MENOS)

Galletas de almendra
y avena   293

Minibrownies   294

Bolitas divinas de masa
para galletas con chispas de
chocolate   297

Galletas de chispas de
chocolate   298

Bolitas divinas de nuez pecana con
maple   301

Raspado de sandía   302

Nieve de mango   305

LIGERO

GALLETAS DE ALMENDRA Y AVENA

▶SIN ACEITE ▶SIN AZÚCAR REFINADA

TIEMPO DE PREPARACIÓN: 5 min

TIEMPO DE COCCIÓN: 10 min

TIEMPO TOTAL: 15 min

RINDE 18 GALLETAS

Estas galletas de almendra no llevan aceite y se hacen en poco tiempo, además casi no ensucian la cocina.

INGREDIENTES:

1 taza de harina de almendras

1 taza de harina de avena sin gluten

1 cucharadita de polvo para hornear

4 cucharadas de leche endulzada de almendras y vainilla

4 cucharadas de miel de maple

PREPARACIÓN:

1. Precalienta el horno a 180 °C. Cubre una bandeja para hornear con papel para hornear.

2. En un recipiente combina la harina de almendras con la harina de avena y el polvo para hornear.

3. En otro recipiente mezcla la leche de almendras y la miel de maple.

4. Mezcla bien los ingredientes secos con los ingredientes húmedos. Usa las manos si es necesario.

5. Forma bolitas de masa y después aplástalas ligeramente para darles forma de galleta. Colócalas sobre la bandeja y deja un par de centímetros entre cada galleta.

6. Hornea de 10 a 12 minutos (o de 12 a 14 minutos, si deseas galletas más crujientes).

7. ¡Deja que se enfríen y disfruta!

POR PORCIÓN: 70 calorías, 2 gramos de proteína, 9 gramos de carbohidratos, 3 gramos de grasa total

MINI-BROWNIES

TIEMPO DE PREPARACIÓN: 5 min

TIEMPO DE COCCIÓN: 18 min

TIEMPO TOTAL: 23 min

RINDE 12 BROWNIES

Advertencia: Si tienes hijos, te conviene duplicar la receta. Los brownies nunca han sido tan deliciosos.

INGREDIENTES:

$^1/_2$ taza de harina de avena

$^1/_4$ de taza de harina de tapioca

2 cucharadas de arrurruz, molido

1 cucharada de harina de almendras

2 cucharadas de azúcar cruda de caña

2 cucharadas de cacao en polvo

$^1/_2$ cucharadita de bicarbonato

4 cucharadas de leche de almendras y vainilla

3 cucharadas de miel de maple

2 cucharadas de puré de manzana

1 cucharadita de vinagre de sidra de manzana

PREPARACIÓN:

1. Precalienta el horno a 180 °C. Engrasa o coloca moldes de papel en una bandeja para muffins.

2. Mezcla los ingredientes secos en un recipiente.

3. En otro recipiente mezcla los ingredientes húmedos.

4. Vierte los ingredientes húmedos en el recipiente con los ingredientes secos y mezcla todo hasta combinar bien.

5. Distribuye la masa en los moldes de la bandeja para muffins.

6. Hornea de 16 a 18 minutos. Retira los brownies del horno y déjalos enfriar antes de colocarlos en una parrilla de alambre.

CONSEJO: Almacena los sobrantes a temperatura ambiente por algunos días en un contenedor hermético, en el refrigerador hasta por una semana, o algunos meses en el congelador, en bolsas para congelar forradas con papel para hornear.

POR PORCIÓN: 69 calorías, 2 gramos de proteína, 13 gramos de carbohidratos, 1 gramo de grasa total

BOLITAS DIVINAS DE MASA PARA GALLETAS CON CHISPAS DE CHOCOLATE

TIEMPO DE PREPARACIÓN: 15 min

TIEMPO DE COCCIÓN: 0 min

TIEMPO TOTAL: 15 min

RINDE 12 BOLITAS

Estas bolitas podrían convertirse en parte de tu despensa básica. A nuestros hijos les encantan como refrigerio después de la escuela.

INGREDIENTES:

$1/2$ taza de nueces de la India, crudas

$1/2$ taza de harina de avena sin gluten

2 cucharadas de agua

3 cucharadas de miel de maple o néctar de coco

2 cucharadas de chispas de chocolate miniatura

PREPARACIÓN:

1. Tritura las nueces de la India en un procesador hasta obtener una consistencia arenosa.

2. Añade la harina de avena, el agua y la miel de maple y procesa hasta combinar bien.

3. Coloca la mezcla en un recipiente e incorpora las chispas de chocolate.

4. Divide la mezcla en bolitas del tamaño de una cuchara y, si lo deseas, déjalas enfriar.

CONSEJO: Refrigera las bolitas sobrantes hasta por una semana en un contenedor hermético.

POR PORCIÓN: 81 calorías, 2 gramos de proteína, 10 gramos de carbohidratos, 4 gramos de grasa total

GALLETAS DE CHISPAS DE CHOCOLATE

▶ **SIN NUECES** ▶ **SIN GLUTEN**

TIEMPO DE PREPARACIÓN: 10 min
TIEMPO DE COCCIÓN: 12 min
TIEMPO TOTAL: 22 min

RINDE 20 GALLETAS

Aquí tenemos un clásico que es simple y delicioso, que no tiene nueces, ni gluten, ni azúcar refinada. Son bajas en calorías, tienen poca grasa y mucho sabor.

INGREDIENTES:

1 taza de harina de avena sin gluten

1 taza de harina de arroz integral

½ taza de harina de tapioca

½ taza de azúcar orgánica de palma

1 cucharada de linaza dorada, molida

½ cucharadita de polvo para hornear

½ cucharadita de bicarbonato

¼ de taza de leche endulzada de almendras y vainilla

2 cucharadas de miel de maple

3 cucharadas de aceite de coco, derretido

½ cucharadita de vainilla

¼ de taza de chispas de chocolate

PREPARACIÓN:

1. Precalienta el horno a 180 °C. Cubre una bandeja para hornear con papel para hornear.

2. En un recipiente mezcla los ingredientes secos, excepto las chispas de chocolate.

3. En otro recipiente mezcla los ingredientes húmedos. Es importante que todos estos ingredientes estén a temperatura ambiente para impedir que el aceite de coco se endurezca.

4. Vierte los ingredientes húmedos en el recipiente con los ingredientes secos y mezcla todo hasta combinar bien. Luego incorpora las chispas de chocolate.

5. Refrigera la masa de 15 a 20 minutos para endurecerla un poco y para que sea más fácil formar las galletas.

6. Retira la masa del refrigerador y vierte una cucharada de masa sobre el papel para hornear a la vez. Moldea la masa con las manos y separa; deja 3 centímetros entre cada galleta.

7. Hornea de 10 a 12 minutos (o de 12 a 14 si prefieres una textura más crujiente). Espera a que las galletas se enfríen antes de transferirlas a la parrilla de alambre. Se endurecerán al enfriarse.

CONSEJO: Almacena las galletas sobrantes a temperatura ambiente por algunos días en un contenedor hermético, en el refrigerador hasta por una semana, o hasta por dos meses en el congelador.

POR PORCIÓN: 116 calorías, 20 gramos de carbohidratos, 3 gramos de grasa total

BOLITAS DIVINAS DE NUEZ PECANA CON MAPLE

PREPARACIÓN:

1. Combina todos los ingredientes, excepto el coco rallado.

2. Divide la mezcla en bolitas del tamaño de una cuchara.

3. Cubre las bolitas con el coco rallado y ¡disfruta!

CONSEJO: Almacena las bolitas sobrantes por algunos días en un contenedor hermético dentro del refrigerador

POR PORCIÓN: 54 calorías, 1 gramo de proteína, 5 gramos de carbohidratos, 3 gramos de grasa total

TIEMPO DE PREPARACIÓN: 20 min

TIEMPO DE COCCIÓN: 0 min

TIEMPO TOTAL: 20 min

RINDE 16 BOLITAS

¡Estas bolitas son sencillas y deliciosas! Son saludables para el corazón y tu familia las disfrutará.

INGREDIENTES:

1/2 taza de harina de avena sin gluten

1/2 taza de nueces pecanas, molidas

2 cucharadas de agua

2 cucharadas de miel de maple o néctar de coco

1 cucharadita de mantequilla de semilla de girasol

1 cucharadita de linaza, molida

1 taza de coco rallado, para cubrir

RASPADO DE SANDÍA

TIEMPO DE PREPARACIÓN: 10 min

TIEMPO DE COCCIÓN: 0 min

TIEMPO TOTAL: 10 min

RINDE 2 PORCIONES

Lo único más refrescante que la sandía es el raspado de sandía. Para los niños es un favorito de verano. La sandía contiene vitaminas A, B_6 y C, además de potasio, licopeno y antioxidantes, todo lo que necesitas en un postre refrescante y nutritivo.

INGREDIENTES:

4 tazas de sandía sin semillas

4 cucharadas de jugo de limón

1 cucharada de miel de maple

rodajas de limón, para acompañar

PREPARACIÓN:

1. Congela 3 tazas de sandía en bolsas para congelador por 6 horas o por una noche.

2. En una licuadora o procesador coloca 1 taza de sandía sin congelar. Añádele la sandía congelada, el jugo de limón y la miel de maple, y licua todo hasta obtener una mezcla similar a la nieve derretida. Raspa los costados de la licuadora con una espátula para integrar la mezcla si se pega a las orillas.

3. Sirve y decora con una rodaja de limón, y ¡disfruta!

POR PORCIÓN: 124 calorías, 2 gramos de proteína, 32 gramos de carbohidratos, 1 gramo de grasa total

NIEVE DE MANGO

TIEMPO DE PREPARACIÓN: 10 min
TIEMPO DE COCCIÓN: 0 min
TIEMPO TOTAL: 10 min
RINDE 4 PORCIONES

Este postre ligero contiene vitaminas A y C, y folato. Es perfecto para refrescarte en un caluroso día de verano.

INGREDIENTES:

4 tazas de trozos de mango congelado

1 taza de agua de coco

$\frac{1}{4}$ de taza de jugo de naranja recién exprimido

PREPARACIÓN:

1. En una licuadora o procesador licua todos los ingredientes. Raspa los costados de la licuadora con una espátula para integrar la mezcla si se pega a las orillas. Licua hasta obtener una mezcla consistente.

2. Sirve de inmediato o guarda la nieve en un contenedor para congelador o en un molde de pan y congélala durante un par de horas para que se endurezca.

3. Antes de servir, déjala reposar a temperatura ambiente durante 15 minutos para suavizar un poco.

4. Sirve en una copa para helado y ¡disfruta!

POR PORCIÓN: 117 calorías, 2 gramos de proteína, 29 gramos de carbohidratos, 1 gramo de grasa total

NIVEL 2

POSTRE: INDULGENTE

(MÁS DE 150 CALORÍAS)

Galletas de pulpa de almendras   309

Galletas de crema de cacahuate   310

Helado suave de plátano con salsa de dátiles y caramelo   313

Helado de coco   314

Plátanos maduros *à la mode*   317

Pay crudo de limón estilo Florida   318

INDULGENTE

GALLETAS DE PULPA DE ALMENDRAS

TIEMPO DE PREPARACIÓN: 5 min

TIEMPO DE COCCIÓN: 10 min

TIEMPO TOTAL: 15 min (no incluye el tiempo de preparación de la pulpa de almendras)

RINDE 10 GALLETAS

Estas galletas le darán un buen uso a la pulpa de almendras que sobrará cuando hagas leche de almendras en casa. Son fáciles de hacer y muy deliciosas.

INGREDIENTES:

1 taza de pulpa de almendras recuperada de la leche casera de almendras y vainilla (ver receta en la página 346)

1 taza de harina de avena sin gluten

$1/4$ de taza de miel de maple

1 cucharada de aceite de coco

$3/4$ de cucharadita de polvo para hornear

PREPARACIÓN:

1. Precalienta el horno a 180 °C. Cubre una bandeja para hornear con papel para hornear.

2. En un recipiente mezcla bien los ingredientes.

3. Moldea bolitas de masa y forma las galletas con las manos. Colócalas sobre la bandeja para hornear.

4. Hornéalas por 10 minutos (si las deseas más suaves) o por 15 minutos (si las prefieres más crujientes).

5. ¡Déjalas enfriar y disfruta!

POR PORCIÓN: 137 calorías, 4 gramos de proteina, 18 gramos de carbohidratos, 6 gramos de grasa total

GALLETAS DE CREMA DE CACAHUATE

TIEMPO DE PREPARACIÓN: 10 min

TIEMPO DE COCCIÓN: 10 min

TIEMPO TOTAL: 20 min

RINDE 12 GALLETAS

Cuando era niño, las galletas de crema de cacahuate eran las que más me gustaban. Esta receta es aún mejor que la receta clásica, pues no lleva ni el aceite ni la mantequilla de siempre. Y aún así estas galletas son más ricas que las originales.

INGREDIENTES:

1^1/$_2$ tazas de harina de avena sin gluten

1 taza de harina de arroz integral

4 cucharadas de azúcar de maple

1 cucharadita de bicarbonato

1 pizca de sal

5 cucharadas de mantequilla de cacahuate

4 cucharadas de leche endulzada de almendras y vainilla

4 cucharadas de miel de maple

1 cucharadita de extracto de vainilla

2 cucharadas de puré de manzana

PREPARACIÓN:

1. Precalienta el horno a 180 ºC. Cubre una bandeja para hornear con papel para hornear.

2. En un recipiente mezcla bien los ingredientes secos.

3. En otro recipiente mezcla bien los ingredientes húmedos.

4. Combina bien los ingredientes secos con los húmedos.

5. Moldea bolitas de masa y forma las galletas con las manos. Colócalas sobre la bandeja para hornear.

6. Hornea de 10 a 12 minutos. ¡Déjalas enfriar y disfruta!

POR PORCIÓN: 178 calorías, 5 gramos de proteína, 29 gramos de carbohidratos, 5 gramos de grasa total

HELADO SUAVE DE PLÁTANO CON SALSA DE DÁTILES Y CARAMELO

TIEMPO DE PREPARACIÓN: 10 min

TIEMPO DE COCCIÓN: 0 min

TIEMPO TOTAL: 10 min (no incluye el tiempo de congelación)

RINDE 2 PORCIONES

Olvídate del helado convencional. Este nutritivo y delicioso postre te demostrará que es posible comer saludable y delicioso al mismo tiempo.

INGREDIENTES:

3 plátanos maduros congelados, rebanados en trozos pequeños

salsa de dátiles y caramelo (ver receta en la página 342)

PREPARACIÓN:

1. Para preparar los plátanos congelados, pela y corta los plátanos en trozos pequeños. Guárdalos en un contenedor para congelar y congélalos de 2 a 3 horas, o toda la noche.

2. Coloca los pedazos de plátano congelado en un procesador y pulsa el botón varias veces. Usa una espátula para despegar los plátanos que se adhieran a los costados del procesador. Añade un poco de leche de almendras o agua para que sea más fácil procesarlos.

3. Procesa durante 5 minutos, hasta obtener una consistencia cremosa. Si vas a agregar otros ingredientes, como mantequilla de nuez, polvo de cacao, chispas de chocolate o nueces, hazlo ahora.

4. Sirve de inmediato o devuelve el helado suave de plátano al congelador en un contenedor para congelar. Si deseas una consistencia más sólida, como la del helado, congélalo una hora adicional.

5. Sirve una cucharada de helado con salsa de caramelo y dátiles, o los ingredientes de tu preferencia (como nueces pecanas y nueces de la India acarameladas [ver receta en la página 251], bolitas divinas de masa para galletas con chispas de chocolate [ver receta en la página 297], granola [ver receta en la página 74], polvo de chocolate, coco rallado, semillas, frutas o chispas de chocolate).

POR PORCIÓN CON UNA CUCHARADA DE SALSA: 183 calorías, 2 gramos de proteína, 47 gramos de carbohidratos, 1 gramo de grasa total

HELADO DE COCO

TIEMPO DE PREPARACIÓN: 65 min

TIEMPO DE COCCIÓN: 0 min

TIEMPO TOTAL: 65 min

RINDE 6 PORCIONES

No hace falta una máquina para lograr este delicioso helado. El coco es una gran fuente de fibra y vitaminas A y E, y ayuda a mejorar la digestión.

INGREDIENTES:

2 latas de 400 ml de leche de coco

1 taza de azúcar orgánica de palma o $\frac{3}{4}$ de taza de miel de maple

1 cucharadita de extracto de vainilla

coco rallado, para acompañar

salsa de dátiles y caramelo (ver receta en la página 342)

PREPARACIÓN:

1. Si tienes tiempo, refrigera las latas de leche de coco por un par de horas hasta que estén bien frías.

2. En una licuadora mezcla todos los ingredientes hasta obtener una mezcla suave y cremosa.

3. Vierte la mezcla en un contenedor para congelar o en un molde de pan y congélala durante 30 minutos.

4. Retira el helado del congelador, bátelo rápidamente y devuélvelo al congelador. Repite este paso una vez más hasta que el helado esté cremoso y se haya congelado por completo.

5. Sirve una bola de helado en un tazón, cúbrela con coco rallado y salsa de dátiles y caramelo (opcional), y ¡disfruta!

POR PORCIÓN SIN INGREDIENTES ADICIONALES: 611 calorías, 4 gramos de proteína, 65 gramos de carbohidratos, 40 gramos de grasa total

PLÁTANOS MADUROS À LA MODE

TIEMPO DE PREPARACIÓN: 5 min
TIEMPO DE COCCIÓN: 8 min
TIEMPO TOTAL: 13 min

RINDE 4 PORCIONES

Si no conocías los plátanos maduros, con esta receta te gustarán al instante.

INGREDIENTES:

1 cucharada de aceite de coco

2 plátanos machos muy maduros, de cáscara café, y muy suaves

1 cucharada de azúcar orgánica de palma o 1 cucharada de miel de maple

1 pizca de canela en polvo

helado de coco (ver receta en la página 314) o helado suave de plátano (ver receta en la página 313)

PREPARACIÓN:

1. Calienta 1 cucharada de aceite de coco en una sartén grande a fuego medio-alto.

2. Corta los extremos de los plátanos y traza dos o tres cortes a lo largo de la cáscara con un cuchillo afilado, para ayudar a pelar los plátanos sin desmoronarlos.

3. Retira cuidadosamente la cáscara, en secciones.

4. Rebana cada plátano diagonalmente en rodajas ovaladas de 1 centímetro de ancho. Cubre cada rebanada con azúcar de palma o miel de maple y canela.

5. Cuece los plátanos en una sartén caliente por 4 minutos de cada lado hasta que se suavicen y se caramelicen.

6. Sirve los plátanos con una bola de helado de coco o helado suave de plátano y espolvoréalos con un poco de azúcar de palma.

POR PORCIÓN CON HELADO: 459 calorías, 3 gramos de proteína, 65 gramos de carbohidratos, 24 gramos de grasa total

PAY CRUDO DE LIMÓN ESTILO FLORIDA

▶ SIN COCCIÓN ▶ SIN GLUTEN
▶ VEGANO ▶ SIN AZÚCAR REFINADA

TIEMPO DE PREPARACIÓN: 30 min

TIEMPO DE COCCIÓN: 0 min

TIEMPO TOTAL: 2 h 30 min (incluye el tiempo de congelación, pero no incluye el tiempo para remojar las nueces de la India)

RINDE 6 PORCIONES

En mi infancia, el pay de limón de Florida era uno de mis postres favoritos, pero cuando decidí convertirme de lleno a la dieta basada en plantas tuve que pedirle a mi esposa que me ayudara a encontrar una alternativa sana. ¡Me sorprendió con un pay increíblemente delicioso y mejor que el verdadero pay de Florida! Disfrútalo.

INGREDIENTES PARA LA CORTEZA:

1 taza de almendras o nueces pecanas orgánicas crudas

1 cucharada de coco rallado sin endulzar

$1/8$ de cucharadita de sal

6 dátiles orgánicos grandes, sin hueso

1 cucharada de aceite de coco orgánico, sin refinar

$1/2$ cucharadita de extracto de vainilla

1 cucharada de agua; añade una 1 cucharada a la vez, si es necesario

INGREDIENTES PARA EL RELLENO:

1 taza de nueces de la India crudas (remojadas previamente en agua caliente de 1 a 2 horas)

$1/2$ taza de leche de almendras y vainilla

$1/2$ taza de jugo orgánico de limón (aproximadamente 4 limones)

4 cucharadas de miel de maple

1 cucharada de aceite orgánico de coco, sin refinar

$1/2$ cucharadita de extracto de vainilla

rodajas de limón, o cáscara rallada, para acompañar

PREPARACIÓN DE LA CORTEZA:

1. En un procesador tritura las almendras, el coco rallado y la sal hasta obtener una consistencia arenosa. Entonces añade los dátiles, el aceite de coco, el extracto de vainilla y el agua hasta combinar bien.

2. Cubre los moldes de una bandeja no adherente para 6 o 12 pastelitos con la masa, presionando con firmeza y distribuyendo equitativamente. Congela mientras preparas el relleno.

PREPARACIÓN DEL RELLENO:

1. Procesa todos los ingredientes hasta obtener una mezcla suave.

2. Retira el molde del congelador y vierte el relleno equitativamente sobre cada corteza.

3. Devuelve al congelador por 2 horas más, o hasta que estén firmes.

4. Retira del congelador y decora con rodajas de limón o cáscara rallada y ¡disfruta!

CONSEJO: Refrigera los sobrantes en un congelador hermético por varios días o hasta dos semanas en el congelador. Descongela por 20 minutos antes de servir.

POR PORCIÓN: 400 calorías, 11 gramos de proteína, 31 gramos de carbohidratos, 29 gramos de grasa total

RECETAS BÁSICAS PARA LA DIETA DE PLANTAS

LA DESPENSA BÁSICA de una cocina basada en plantas incluye ingredientes como queso de nueces de la India y quinoa, que te ayudarán a preparar alimentos en un dos por tres. ¿A quién no le gustaría contar con más tiempo para estar con su familia en lugar de tener que cocinar? En vez de depender de las mezclas y salsas de siempre para darle sabor rápido a tus comidas, reduce tu tiempo de preparación con estas saludables recetas. Estos aderezos, salsas e ingredientes son el punto de partida de tu vida basada en plantas.

Desde la vinagreta balsámica a la vinagreta balsámica cremosa, desde la leche casera de almendras y vainilla a la salsa de jitomate de la abuela, llenarás tu alacena con las versiones saludables de tus comidas favoritas. ¿Queso mozzarella para veganos? ¿Queso para nachos? Así es. Aquí tenemos todo para ti. Y con estas recetas no te costará nada seguir tu plan personal.

DIETA DE PLANTAS
RECETAS BÁSICAS

Vinagreta balsámica   325

Salsa BBQ   326

Frijoles negros   329

Arroz integral de grano corto   333

Queso de nueces de la India   334

Crema de nueces de la India   337

Crema batida de coco   338

Vinagreta balsámica cremosa   341

Salsa de dátiles y caramelo   342

Salsa de jitomate de la abuela   345

Leche casera de almendras y vainilla   346

Vinagreta Dijon de limón   349

Queso mozzarella   350

Queso para nachos   353

Queso parmesano   354

Quinoa   357

Aderezo de tahini   358

Carne de nueces de Castilla   361

VINAGRETA BALSÁMICA

TIEMPO DE PREPARACIÓN: 5 min

TIEMPO DE COCCIÓN: 0 min

TIEMPO TOTAL: 5 min

RINDE 8 CUCHARADAS

Este aderezo sencillo se convertirá en parte de la canasta básica de tu hogar. Nosotros lo usamos en ensaladas y tazones para dar un toque de sabor.

INGREDIENTES:

3 cucharadas de vinagre balsámico

2 cucharadas de aceite de oliva extra virgen

1 cucharada de agua

1 cucharada de jugo de limón

1 cucharada de mostaza de Dijon

1 cucharadita de miel de maple

½ cucharadita de ajo machacado

½ cucharadita de sal de mar

¼ de cucharadita de pimienta negra, molida

PREPARACIÓN:

Revuelve todos los ingredientes con un batidor de mano. Ajusta el sazón, según sea necesario.

CONSEJO: Prepara este aderezo por adelantado y refrigéralo en un contenedor hermético de vidrio, hasta por una semana.

POR PORCIÓN DE 1 CUCHARADA: 38 calorías, 0 gramos de proteína, 2 gramos de carbohidratos, 3 gramos de grasa total

SALSA BBQ

TIEMPO DE PREPARACIÓN: 5 min
TIEMPO DE COCCIÓN: 10 min
TIEMPO TOTAL: 15 min

RINDE 2 TAZAS

Esta salsa BBQ casera se cocina a fuego lento. Es ideal como condimento para la hamburguesa de frijoles negros y quinoa (ver receta en la página 169), para las brochetas de albóndigas sin carne (ver receta en la página 207), y es esencial para los frijoles BBQ (ver receta en la página 275).

INGREDIENTES:

1 lata de 200 g de puré de jitomate

$3/4$ de taza de agua filtrada

4 cucharadas de vinagre balsámico

3 cucharadas de aminos de coco

2 cucharadas de mostaza de Dijon

1 cucharada de jugo de limón

$3/4$ de cucharadita de paprika ahumada

$1/4$ de cucharadita de chile en polvo

$1/8$ de cucharadita de ajo en polvo

PREPARACIÓN:

1. Combina todos los ingredientes en una olla y revuelve.

2. Hierve y baja el calor a fuego lento por 10 minutos.

CONSEJO: Refrigera la salsa hasta por dos semanas en un contenedor hermético de vidrio.

POR PORCIÓN DE $1/4$ DE TAZA: 34 calorías, 1 gramo de proteína, 7 gramos de carbohidratos, 0 gramos de grasa total

FRIJOLES NEGROS

TIEMPO DE PREPARACIÓN: 5 min
TIEMPO DE COCCIÓN: 90 min
TIEMPO TOTAL: 95 min

RINDE 4 PORCIONES (2½ A 3 TAZAS)

Tenemos que decirlo: ¡nos *encantan* los frijoles!

En general, los frijoles se cuecen en un periodo de 30 minutos a 2 horas, especialmente los frijoles negros. Si les agregas ingredientes ácidos como jitomates, jugo de limón o vinagre antes de tiempo, no se cocerán por completo. Por ello es ideal añadir todos esos ingredientes cuando los frijoles se estén terminando de cocer.

También ayuda remojar los frijoles antes de cocerlos para reducir tanto el tiempo de cocción como los azúcares indigeribles que causan gases. A continuación tenemos tres métodos comunes (el remojo en agua caliente parece ser el más efectivo).

MÉTODO EN AGUA CALIENTE:

1. Inspecciona y limpia los frijoles enjuagándolos con agua fría en un colador.

2. Coloca los frijoles en una olla grande y añade 5 tazas de agua por cada taza de frijoles.

3. Hierve y cuece por unos minutos. Retira del fuego, cubre y remoja hasta por 24 horas.

4. Escurre y desecha el agua.

5. Enjuaga los frijoles con agua fresca.

MÉTODO TRADICIONAL:

1. Inspecciona y limpia los frijoles enjuagándolos con agua fría en un colador.

2. Remoja los frijoles con 3 o 4 tazas de agua por cada taza de frijoles.

3. Escurre los frijoles, desecha el agua y enjuaga bien con agua fresca.

MÉTODO RÁPIDO:

1. Inspecciona y limpia los frijoles enjuagándolos con agua fría en un colador.

2. Remoja los frijoles con 3 o 4 tazas de agua por cada taza de frijoles.

3. Hierve por algunos minutos.

4. Retira del fuego, cubre y remoja por una hora.

5. Escurre los frijoles y desecha el agua.

6. Enjuaga bien con agua fresca.

CONSEJO: Si vas a usar los frijoles en una ensalada, revuélvelos ocasionalmente mientras se cuecen para evitar que se peguen. También escurre los frijoles inmediatamente después de obtener la textura deseada para evitar que se cuezan de más.

Continúa la receta

INGREDIENTES:

1 taza de frijoles negros, remojados durante
una noche en 3 o 4 tazas de agua

2 tazas de agua

sal de mar, al gusto

PREPARACIÓN:

1. Enjuaga y escurre los frijoles en una olla
mediana, combina con 2 tazas de agua y
hierve.

2. Reduce el fuego, cubre y hierve a fuego
lento de 60 a 90 minutos. A los 45 minutos,
añade sal de mar al gusto.

3. Cuando alcancen la consistencia deseada,
retíralos del fuego y ¡disfruta!

POR PORCIÓN: 165 calorías, 10 gramos de
proteína, 30 gramos de carbohidratos, 1 gramo
de grasa total

ARROZ INTEGRAL DE GRANO CORTO

TIEMPO DE PREPARACIÓN: 5 min
TIEMPO DE COCCIÓN: 55 min
TIEMPO TOTAL: 60 min

RINDE 4 PORCIONES

Este arroz es una excelente fuente de granos enteros. Su consistencia pegajosa es ideal para una gran cantidad de recetas.

INGREDIENTES:

1 taza de arroz integral de grano corto

2 tazas de agua

½ cucharadita de sal de mar

PREPARACIÓN:

1. En una olla mediana hierve el agua con el arroz y la sal.

2. Revuelve una vez, reduce a fuego lento y cuece por 55 minutos. Si el arroz parece demasiado seco, añade hasta ¼ de taza de agua y cuece un poco más.

3. Retira el arroz del fuego y manténlo cubierto hasta servir.

4. Revuelve con un tenedor y ¡sirve!

POR PORCIÓN: 171 calorías, 4 gramos de proteína, 36 gramos de carbohidratos, 1 gramo de grasa total

CREMA DE NUECES DE LA INDIA

TIEMPO DE PREPARACIÓN: 5 min

TIEMPO DE COCCIÓN: 0 min

TIEMPO TOTAL: 5 min (no incluye el tiempo para remojar las nueces de la India)

RINDE 1 TAZA

Esta receta es parecida al queso de nueces de la India y tiene una gran variedad de usos. Es menos espesa y sirve como aderezo para ensaladas y tazones.

INGREDIENTES:

$\frac{1}{2}$ taza de nueces de la India, crudas, remojadas desde la noche anterior

$\frac{1}{2}$ de taza de agua

1 cucharada de levadura nutricional

1 cucharada de jugo de limón

$\frac{1}{2}$ cucharadita de sal de mar

PREPARACIÓN:

Escurre y enjuaga las nueces de la India y licua con el resto de los ingredientes en un procesador o en una licuadora, hasta obtener una consistencia cremosa. Si tienes poco tiempo, remoja las nueces de la India por 30 minutos en agua tibia, y entonces escurre y enjuaga.

CONSEJO: Refrigera el Queso de nueces de la India en un contenedor de vidrio hasta por una semana. Esta receta aparece en nuestra pasta con crema de jitomate y albahaca (ver receta en la página 241) y en la receta de penne con crema de espinacas (ver receta en la página 238).

POR PORCIÓN DE $\frac{1}{4}$ DE TAZA: 122 calorías, 4 gramos de proteína, 7 gramos de carbohidratos, 9 gramos de grasa total

CREMA BATIDA DE COCO

TIEMPO DE PREPARACIÓN: 10 min

TIEMPO DE COCCIÓN: 0 min

TIEMPO TOTAL: 10 min

RINDE 8 PORCIONES

La crema batida de coco ofrece un toque exquisito para cualquier receta. Disfrútala con hot cakes, muffins, pasteles, postres o incluso con chocolate caliente.

INGREDIENTES:

1 lata de leche entera de coco, enfriada

2 cucharadas de miel de maple, o al gusto

1 cucharadita de extracto de vainilla

PREPARACIÓN:

1. Refrigera la leche de coco desde la noche anterior para separar el líquido de los sólidos.

2. Retira la lata del refrigerador y voltéala.

3. Abre la lata y vierte el contenido líquido en un contenedor, para usarlo en otra ocasión (es ideal para hacer licuados).

4. Retira la crema sólida de coco con una cuchara y bátela con una batidora eléctrica hasta que se vuelva suave y ligera.

5. Añade la miel de maple y el extracto de vainilla y bate de nuevo.

CONSEJO: Refrigera hasta por una semana en un contenedor hermético o frasco. Bate suavemente antes de usar. Añade 4 cucharadas de cacao en polvo para obtener Crema batida de coco con chocolate.

POR PORCIÓN: 101 calorías, 1 gramo de proteína, 5 gramos de carbohidratos, 10 gramos de grasa total

VINAGRETA BALSÁMICA CREMOSA

TIEMPO DE PREPARACIÓN: 5 min
TIEMPO DE COCCIÓN: 0 min
TIEMPO TOTAL: 5 min

RINDE 1 TAZA

Me encanta usar este aderezo en mis tazones de quinoa y en ensaladas.

INGREDIENTES:

1/2 taza de nueces de la India, crudas, remojadas desde la noche anterior

1/2 taza de agua

4 cucharadas de vinagre balsámico

1 cucharada de mostaza de Dijon

1/2 cucharadita de sal de mar, o al gusto

PREPARACIÓN:

Escurre y enjuaga las nueces de la India y licua con el resto de los ingredientes en un procesador o en una licuadora, hasta obtener una consistencia cremosa. Si tienes poco tiempo, remoja las nueces de la India por 30 minutos en agua tibia, y entonces escurre y enjuaga.

CONSEJO: Refrigera las sobras en un contenedor de vidrio hasta por una semana.

POR PORCIÓN: 34 calorías, 1 gramo de proteína, 2 gramos de carbohidratos, 2 gramos de grasa total

SALSA DE DÁTILES Y CARAMELO

TIEMPO DE PREPARACIÓN: 35 min

TIEMPO DE COCCIÓN: 0 min

TIEMPO TOTAL: 35 min

RINDE ½ TAZA

Los dátiles son una excelente fuente de fibra, potasio y magnesio. Por ello, esta salsa es un poderoso ingrediente para acompañar tus hot cakes, postres, muffins y panes.

INGREDIENTES:

8 dátiles Medjool, sin hueso, remojados en agua tibia por 30 minutos

½ taza de leche endulzada de almendras y vainilla (agrega más si es necesaria)

PREPARACIÓN:

1. Escurre los dátiles y colócalos en un procesador o licuadora de alta velocidad y licua con la leche de almendras hasta alcanzar una consistencia suave y cremosa. Si deseas reducir el espesor, añade más leche de almendras, una cucharada a la vez.

2. Sirve la salsa de inmediato.

CONSEJO: Refrigera el sobrante en un contenedor hermético hasta por tres días.

POR 1 CUCHARADA: 26 calorías, 0 gramos de proteína, 6 gramos de carbohidratos, 0 gramos de grasa total

SALSA DE JITOMATE DE LA ABUELA

TIEMPO DE PREPARACIÓN: 10 min

TIEMPO DE COCCIÓN: 30 min

TIEMPO TOTAL: 40 min

RINDE APROXIMADAMENTE 6 TAZAS

Esta salsa tiene tantos usos que podríamos dedicarle un capítulo entero. Los jitomates están llenos de vitaminas B, C y K, además de biotina, potasio, fibra, manganeso y antioxidantes, que los convierten en un ingrediente poderosísimo. Si le sumamos la gran variedad de verduras que lleva esta salsa, obtenemos una receta súper poderosa.

INGREDIENTES:

1 kilo de jitomates maduros, lavados, descarozados y picados (aproximadamente 4 o 5 jitomates grandes)

1 zanahoria grande, lavada y picada (aproximadamente ½ taza)

1 pimiento rojo pequeño, lavado, descarozado, despepitado y picado

1 pimiento verde pequeño, lavado, descarozado, despepitado y picado

1 cebolla pequeña, picada

1 diente de ajo (1 cucharada machacada)

4 hojas de albahaca fresca o 1 cucharadita de albahaca seca

½ a 1 cucharadita de sal de mar, o al gusto

1 pizca de pimienta de Cayena

PREPARACIÓN:

1. Licua todos los ingredientes hasta obtener una salsa. Por cuestiones de espacio, es conveniente agregarlos poco a poco.

2. Vierte la salsa en una olla grande y cuece a fuego medio-bajo de 25 a 30 minutos, revolviendo con frecuencia y retirando la espuma que se forma en la superficie. La salsa se oscurecerá mientras se cuece. Prueba y ajusta el sazón, si es necesario.

CONSEJO: Refrigera el sobrante en un contenedor hermético hasta por cinco días o congélalo por varios meses. Conviene almacenar la salsa en contenedores del tamaño de una porción para prolongar su frescura. De esta manera, sólo abres la salsa necesaria para cada ocasión.

POR PORCIÓN DE ½ TAZA: 22 calorías, 1 gramo de proteína, 5 gramos de carbohidratos, 0 gramos de grasa total

LECHE CASERA DE ALMENDRAS Y VAINILLA

TIEMPO DE PREPARACIÓN: 15 min

TIEMPO DE COCCIÓN: 0 min

TIEMPO TOTAL: 15 min

RINDE 3 TAZAS

Las bebidas y leches comerciales de distintos tipos de nuez normalmente están llenas de azúcar y contienen una larga lista de ingredientes. Esta leche de almendras es fácil de preparar sin requerir el azúcar en exceso ni ingredientes innecesarios.

INGREDIENTES:

1 taza de almendras crudas

3 tazas de agua

1 cucharada de miel de maple

1 cucharadita de extracto de vainilla

PREPARACIÓN:

1. Remoja las almendras desde la noche anterior en 2 tazas de agua.

2. Enjuaga y licua las almendras con tres tazas de agua hasta obtener una mezcla cremosa.

3. Cuela la mezcla sobre un tazón grande a través de una bolsa para leche de nuez, de una bolsa para germinados, o con manta de cielo. (Conserva la pulpa de almendras para preparar galletas de pulpa de almendras [ver receta en la página 309].)

4. Devuelve la leche a la licuadora y añade la miel de maple y la vainilla. Licua hasta combinar bien.

CONSEJO: Refrigera la leche en una jarra o frasco hasta por cuatro días. Revuelve bien antes de servir.

POR PORCIÓN DE 1 TAZA: 80 calorías, 12 gramos de proteína, 2 gramos de carbohidratos, 3 gramos de grasa total

VINAGRETA DIJON DE LIMÓN

TIEMPO DE PREPARACIÓN: 5 min
TIEMPO DE COCCIÓN: 0 min
TIEMPO TOTAL: 5 min

RINDE ½ TAZA

Este aderezo llena de sabor las ensaladas ligeras.

INGREDIENTES:

4 cucharadas de jugo de limón

2 cucharadas de aceite de oliva extra virgen

1 cucharada de mostaza de Dijon

1 cucharada de agua

½ cucharadita de ajo machacado

½ cucharadita de sal de mar

¼ de cucharadita de pimienta negra, molida

PREPARACIÓN:

En un recipiente, revuelve todos los ingredientes con un batidor de mano. Ajusta el sazón, según sea necesario.

CONSEJO: Prepara este aderezo por adelantado y refrigéralo en un contenedor hermético de vidrio, hasta por una semana.

POR PORCIÓN DE 1 CUCHARADA: 33 calorías, 0 gramos de proteína, 1 gramo de carbohidratos, 3 gramos de grasa total

QUESO MOZZARELLA

TIEMPO DE PREPARACIÓN: 5 min

TIEMPO DE COCCIÓN: 5 min

TIEMPO TOTAL: 10 min (no incluye el tiempo para remojar las nueces de la India)

RINDE 1 TAZA

Esta receta es sencilla y versátil. Úsala para hacer pizza, dips y sándwiches tostados de queso; sirve para todo. Puedes prepararlo fresco o tenerlo listo en el refrigerador. Si lo vas a usar para hacer dip, caliéntalo primero en una sartén a fuego medio-alto, revolviendo con frecuencia para que no se queme. Si la consistencia resulta demasiado espesa, añade agua, 1 cucharada a la vez.

INGREDIENTES:

$\frac{1}{2}$ taza de nueces de la India, crudas, remojadas desde la noche anterior

1 taza de agua

1 cucharada de harina de tapioca

1 cucharadita de jugo de limón

1 cucharadita de vinagre de sidra de manzana

$\frac{1}{2}$ cucharadita de sal de mar

PREPARACIÓN:

1. Escurre y enjuaga las nueces de la India y licua con el resto de los ingredientes en un procesador o en una licuadora, hasta obtener una consistencia cremosa. Si tienes poco tiempo, remoja las nueces de la India por 30 minutos en agua tibia, y entonces escurre y enjuaga.

2. En una sartén, cuece el queso a fuego medio-alto por 5 minutos, revolviendo con frecuencia.

3. Reduce el fuego y sigue revolviendo para que el queso no haga grumos y no se queme.

4. Cuando aumente el espesor y la mezcla parezca queso derretido, retira del fuego y enfría.

NOTA: Si tienes poco tiempo, remoja las nueces de la India por 30 minutos en agua tibia en lugar de toda la noche.

CONSEJO: Refrigera las sobras en un contenedor de vidrio hasta por cinco días.

POR PORCIÓN DE $\frac{1}{4}$ DE TAZA: 127 calorías, 4 gramos de proteína, 9 gramos de carbohidratos, 9 gramos de grasa total

QUESO PARA NACHOS

TIEMPO DE PREPARACIÓN: 10 min

TIEMPO DE COCCIÓN: 0 min

TIEMPO TOTAL: 10 min

RINDE 2 TAZAS

Este queso es útil para varias recetas, o disfrútalo como dip. También lo puedes preparar fresco o por adelantado y guardarlo en el refrigerador. Antes de servir, calienta el queso en una sartén a fuego medio-alto y revuele con frecuencia para evitar que se queme. Añade 1 cucharada de agua a la vez para reducir su espesor.

INGREDIENTES:

1½ tazas de queso de nueces de la India (ver receta en la página 334)

1 jitomate mediano, pelado, despepitado y picado

½ taza de cebolla, picada

½ cucharadita de cúrcuma en polvo

½ cucharadita de paprika ahumada en polvo

¼ de cucharadita de pimienta de Cayena

PREPARACIÓN:

Licua todos los ingredientes hasta obtener una consistencia cremosa.

CONSEJO: Refrigera el queso en un contenedor de vidrio hasta por una semana. El frío lo endurecerá un poco.

POR PORCIÓN: 33 calorías, 1 gramo de proteína, 2 gramos de carbohidratos, 2 gramos de grasa total

QUESO PARMESANO

TIEMPO DE PREPARACIÓN: 5 min

TIEMPO DE COCCIÓN: 0 min

TIEMPO TOTAL: 5 min

RINDE 1 TAZA

Este queso es versátil y resulta ideal como condimento para pastas, ensaladas, aguacate e incluso algunos postres.

INGREDIENTES:

1 taza de nueces de la India crudas o de almendras blanqueadas

2 cucharadas de levadura nutricional

$\frac{1}{2}$ cucharadita de sal de mar

PREPARACIÓN:

Licua todos los ingredientes hasta obtener una consistencia arenosa. Cuida no procesar en exceso.

CONSEJO: Refrigera el queso en un contenedor hermético hasta por una semana o hasta por seis meses en el congelador.

POR PORCIÓN: 61 calorías, 2 gramos de proteína, 3 gramos de carbohidratos, 5 gramos de grasa total

QUINOA

TIEMPO DE PREPARACIÓN: 5 min

TIEMPO DE COCCIÓN: 25 min

TIEMPO TOTAL: 30 min

RINDE 3 TAZAS

La quinoa, que algunos catalogan como grano, es en realidad una supersemilla sin gluten que viene de la planta *Chenopodium quinoa*. Se digiere fácilmente y contiene 8 gramos de proteína y 5 gramos de fibra por cada taza de semillas cocidas. La quinoa es una proteína completa que ofrece todos los aminoácidos esenciales. Tiene tiamina (13%), riboflavina (12%), folato (19%) y vitamina B$_6$ (11%). Es una excelente fuente de hierro (15%), fósforo (28%), magnesio (30%), manganeso (58%), cobre (18%) y zinc (13%), además de potasio (9%), vitamina E (6%) y niacina (4%). ¡Por ello, la quinoa es uno de los poderes nutritivos de nuestro hogar!

INGREDIENTES:

1 taza de quinoa cruda, enjuagada

2 tazas de agua

½ cucharadita de sal

PREPARACIÓN:

1. En una olla mediana, hierve el agua con la quinoa y la sal.

2. Reduce el fuego a medio-bajo, cubre y cuece de 25 a 30 minutos.

3. Revuelve con un tenedor, retira del fuego y cúbrela hasta que estés listo para servir. ¡Disfruta!

POR PORCIÓN COCINADA DE ¼ TAZA:
104 calorías, 4 gramos de proteína, 18 gramos de carbohidratos, 2 gramos de grasa total

ADEREZO DE TAHINI

TIEMPO DE PREPARACIÓN: 5 min

TIEMPO DE COCCIÓN: 0 min

TIEMPO TOTAL: 5 min

RINDE ½ TAZA

Sin duda éste es mi aderezo favorito y el que más uso. Es sencillo, delicioso y contiene manganeso, calcio, magnesio, fibra, selenio, zinc y hierro.

INGREDIENTES:

4 cucharadas de tahini

4 cucharadas de jugo de limón

1 cucharada de vinagre destilado

sal de mar, al gusto

PREPARACIÓN:

Combina en un tazón todos los ingredientes hasta obtener una consistencia cremosa.

CONSEJO: Prepara este aderezo por adelantado y refrigéralo hasta por una semana en un contenedor hermético de vidrio.

POR PORCIÓN DE 1 CUCHARADA: 45 calorías, 1 gramo de proteína, 2 gramos de carbohidratos, 4 gramos de grasa total

CARNE DE NUECES DE CASTILLA

TIEMPO DE PREPARACIÓN: 10 min
TIEMPO DE COCCIÓN: 0 min
TIEMPO TOTAL: 10 min

RINDE 4 PORCIONES

Esta receta es tan versátil que la usamos como complemento para muchas de nuestras comidas. Nosotros la hacemos cada semana y la guardamos en frascos para tenerla lista cuando preparamos cualquiera de nuestras recetas, como el chili de nueces de Castilla (ver receta en la página 165), las hamburguesas de frijol y nuez de Castilla (ver receta en la página 175), y la papa al horno con todo (ver receta en la página 201). Las nueces de Castilla son una excelente fuente de los ácidos grasos omega 3 que necesita tu corazón.

INGREDIENTES:

1 taza de nueces de Castilla, crudas, picadas

1 cucharada de vinagre balsámico

$^1/_2$ cucharada de aminos de coco

$^3/_4$ de cucharada de comino molido

$^1/_2$ cucharada de cilantro en polvo

1 pizca de paprika ahumada

1 pizca de ajo en polvo

1 pizca de pimienta negra, molida

1 pizca de sal de mar

PREPARACIÓN:

Combina todos los ingredientes en un procesador y pulsa varias veces hasta que la mezcla se vuelva arenosa. Ten cuidado de no procesar en exceso.

CONSEJO: Refrigera en un contenedor hermético hasta servir. Consume antes de cuatro o cinco días para obtener el mejor sabor.

POR PORCIÓN DE 1 CUCHARADA: 58 calorías, 1 gramo de proteína, 3 gramos de carbohidratos, 5 gramos de grasa total

GUÍA PARA COMER EN RESTAURANTES

EXISTEN MUCHAS IDEAS ERRÓNEAS sobre la alimentación basada en plantas, y una de ellas es que "es imposible comer fuera de casa". Cuando comienzas un estilo de vida saludable, te encuentras con muchos alimentos que no son saludables, pero que te encantaban de todas maneras. Sin embargo, la clave está en entender que la comida chatarra es un hábito. Cuando te comprometas con el Programa de 22 Días, desarrollarás hábitos nuevos que te permitirán comer en casi todos los lugares que te gustan. Simplemente es cuestión de pedir otro tipo de comida.

¡La gente que come a base de plantas también va a restaurantes! Con un poco de preparación y esfuerzo, no tendrás que sentir que te pierdes de nada. La mayoría de los restaurantes tienen pastas basadas en plantas, ensaladas abundantes y platos de verduras en el menú; algunos incluso ofrecen secciones vegetarianas que pueden convertirse fácilmente en veganas.

Mi querido amigo Raymond, que, como he mencionado en otros textos, perdió más de 30 kilos, ¡ha logrado mantener su peso por más de dos años! Lo más interesante es que en el pasado solía comer en restaurantes entre 10 y 12 veces por semana —casi todas las comidas— y ni siquiera se comía la guarnición de verduras. Hoy sigue disfrutando la comida, pero ahora prefiere la alimentación basada en plantas. No ha dejado de comer fuera de casa e incluso va a los mismos sitios de antes. También ha buscado nuevos chefs y restaurantes que ofrecen los platos basados en plantas que tanto le han empezado a gustar. Todavía consulta a sus amigos, familiares y clientes para conocer nuevos restaurantes, pues sabe que siempre puede encontrar comidas deliciosas y que habrá un chef dispuesto a prepararle un plato especial. Raymond pudo mantener su vida social y tú también la podrás mantener. De hecho, disfrutarás tus salidas más que nunca y mantendrás la emoción al ordenar tu comida y la satisfacción de terminar de comer. Raymond recuerda la emoción de ordenar del menú,

CONSEJOS PARA TRIUNFAR

EL INICIO DE TODO cambio de vida es un reto emocionante. Prueba estos consejos para maximizar tus esfuerzos y resultados.

1. TOMA AGUA

La regla típica de los ocho vasos de agua por día parece un poco simplista. El Institute of Medicine sugiere un consumo diario de 13 vasos de 250 mililitros de agua para los hombres y de nueve vasos del mismo tamaño para las mujeres. Empieza tu día tomando un vaso de agua con limón para mejorar tu alcalinidad, tu digestión y para rehidratarte.

Algunos consejos para ayudarte a administrar tu consumo de fluidos durante el día son:

- Toma un vaso de agua/líquidos con cada comida.
- Toma un vaso de agua/líquidos entre cada comida.
- Toma un vaso de agua/líquidos antes, durante y después de hacer ejercicio.
- Consume más agua/líquidos en tiempos de calor.
- No esperes a que te dé sed para beber agua; cuando tienes sed es porque probablemente ya estás deshidratado.

2. COME CONSCIENTEMENTE

Es fácil comer sin estar presentes, porque la mayoría de los estadounidenses comen mientras trabajan, leen o ven la televisión. Apaga todas las distracciones, concéntrate en tu comida y aprende a percibir las señales de tu cuerpo. La mejor forma de comer es hasta llenarte 80% o hasta estar casi lleno. Muchos comemos hasta llenarnos, es decir, ingerimos demasiada comida. Será incómodo al principio, sobre todo si estás acostumbrado a "llenarte", pero cuando tu cuerpo y tu mente se ajusten, sentirás más energía después de comer. Por ello los planes alimenticios permiten refrigerios saludables cuando los necesitas.

3. MÍNIMO 30 MINUTOS DE EJERCICIO AL DÍA

El ejercicio es esencial para encontrar el equilibrio saludable que nos ayudará a sentir que estamos en condiciones óptimas. Si quieres bajar de peso, el ejercicio es imprescindible. No hay duda de que la dieta es importante, muy importante, pero la alimentación basada en plantas renovará tu organismo; el ejercicio servirá para mantener esa renovación.

Tu dieta saludable no es un permiso para evitar el ejercicio, y la actividad física no es un pretexto para descuidar la alimentación. Para bajar de peso necesitas aproximadamente 75% dieta y 25% ejercicio. No hay ejercicio que pueda compensar la mala alimentación, así que haz ejercicio por el bien de tu salud y no como pretexto para comer más. Cuando termines de hacer ejercicio y sientas los efectos positivos de las endorfinas naturales, tendrás más voluntad para resistir a las tentaciones y para buscar alimentos saludables.

4. DEDÍCALE TIEMPO A TU SALUD

Uno de los obstáculos más comunes que enfrentan mis clientes cuando intentan cambiar su estilo de vida es encontrar el tiempo para ir de compras y preparar comidas frescas, de estar presentes mientras comen y de hacer ejercicio. Algunos de mis clientes lograron bajar de peso o mejorar su salud rápidamente, mientras otros siguieron batallando. Empecé a percibir que aquellos que tuvieron éxito mostraban hábitos positivos. Tomaban decisiones saludables, por pequeñas que fueran, que condujeron a un cambio positivo en el largo plazo. Empieza cambiando una comida al día por un gran plato hecho a base de plantas. Aunque sea una vez al día, intenta comer en un lugar silencioso y pacífico donde puedas concentrarte en las señales de tu cuerpo. Estos pasos pequeños propiciarán cambios grandes.

No te engañes, acepta tus hábitos, especialmente aquellos que te gustaría cambiar. He encontrado que los mejores resultados llegan cuando la gente reconoce sus antiguos hábitos. Aquellos que no los reconocen no se dan cuenta de que sus hábitos los controlan. Haz una lista de lo que te gustaría cambiar —sal a caminar después de cenar, añade una comida basada en plantas al día, come en la mesa en lugar de comer en el mostrador de la cocina— y lleva tus cambios un día a la vez.

Tus decisiones diarias afectan tu salud en el largo plazo. A veces marcan la diferencia entre llegar al campeonato o quedarse en la línea. Nuestros hábitos determinan nuestro éxito, o nuestro fracaso. Si quieres ser el mejor (o si quieres alcanzar todo tu potencial), ¡elige hábitos saludables!

CONCLUSIÓN

CUANDO TE ACOSTUMBRES a comer alimentos frescos que vienen de la tierra, podrás dejar de pensar en tu dieta. Lo difícil es cambiar tus hábitos para dejar de consumir alimentos procesados durante el día y empezar a alimentarte con comidas basadas en plantas. ¡Cuando tu dieta consista en deliciosas y saludables plantas, tu transición hacia la salud será mucho más sencilla!

Si sigues los programas de 22 días que aparecen en este libro o si empiezas una transición hacia la alimentación basada en plantas, los beneficios llegarán casi al instante. Adapta los menús y haz que el programa funcione para ti. Algunas personas continúan con la alimentación basada en plantas después de los 22 días porque quieren mantener (o vivir) los beneficios todos los días. Otros tratarán de aumentar considerablemente su consumo de verduras. ¡Hay quienes usan este reto para sentirse bien!

Recuerda, el objetivo de cualquier cambio de estilo de vida no es bajar 10 kilos una y otra vez: el objetivo es crear hábitos que te ayudarán a llevar una vida equilibrada y muy saludable. Los resultados duraderos llegan cuando eliges deliberadamente nuevos hábitos de salud en tu vida diaria.

Recuerda: necesitas 21 días para crear o destruir un hábito. Todos los cambios de estilo de vida implican una curva de aprendizaje, un periodo de incomodidad y un esfuerzo consciente para lograr ese cambio. Sin embargo, cuando te comprometes con un comportamiento específico, tu cerebro crea más caminos para apoyar ese comportamiento. Este fenómeno se llama neuroplasticidad. Me gustaría que lucharas para crear nuevos hábitos saludables que te beneficien a ti y a tu familia.

La alimentación basada en plantas es el camino más poderoso, efectivo y sencillo para mejorar tu salud. Lo sé porque conozco el impacto que ha tenido en la vida de mis amigos más cercanos. Nosotros vivimos así y tenemos la fortuna de cosechar los beneficios todos los días. Si quieres bajar de peso, ponerte en forma o estar más fuerte que nunca, debes comer más plantas. He aprendido de primera mano durante más de 20 años de ayudar a mis clientes a bajar de peso y recuperar la salud, que la dieta es nuestra herramienta más importante, y la dieta basada en plantas es la mejor manera de alcanzar la vitalidad, la longevidad y la salud óptima, y de tener el mejor cuerpo que has tenido en toda tu vida.

¡Tu momento es ahora, y este libro de recetas es tu mejor herramienta para que tengas toda la salud!

AGRADECIMIENTOS

Cuida tu salud. Sin ella enfrentarás un serio obstáculo
para el éxito y la felicidad.

—HARRY F. BANKS

SÓLO TENGO PALABRAS DE GRATITUD y aprecio para las increíbles personas que me han bendecido a lo largo de mi vida.

Para mi increíble y talentosa esposa, Marilyn. Sin ti ninguna de estas recetas sería posible. ¡Contigo todo es más delicioso! Gracias por ser la luz especial de mi vida. ¡Te amo con todo mi corazón!

Este proyecto fue posible gracias a que mi querido amigo y editor Raymond García creyó que sería posible. Su energía cambió todo y fue fundamental en este proceso. Gracias, hermano. ¡Te quiero!

Un agradecimiento de todo corazón para mis amigos y familia de Celebra/ Penguin Books. En particular para Jen Schuster, Kim Suarez, Kio Herrera y Anthony Ramondo.

Un agradecimiento especial para mi amiga Sandra Bark, por sus hermosas habilidades y por su entusiasmo.

Jay y BB, sin ustedes no sería tan divertido. Los quiero.

Un agradecimiento de corazón para mi madre, Esther, para mi hermano Alfredo y mi hermana Jennifer, por su amor y apoyo constante, y para mi suegra, Cecilia, que prepara las mejores comidas del Medio Oriente y basadas en plantas que he probado.

Agradezco especialmente a nuestra familia de 22 Días.

Ryan, gracias por tus maravillosas palabras. Eres un ejemplo y una inspiración de lo que se puede lograr con una vida basada en plantas y de cómo llevar la vida de tus sueños. Tu apoyo infinito y tu amistad significan mucho para mí.

Finalmente, agradezco a mis mejores amigos, Mila, Maximo, Mateo, Marco Jr., y Marilyn, por su incomparable amor y apoyo. Con ustedes, cada día es un obsequio nuevo que llevaré conmigo para siempre.

CREEMOS en NOSOTROS MISMOS.

CREEMOS QUE EL ÉXITO ES RESULTADO DEL ESFUERZO y la CONSTANCIA.

CREEMOS QUE DEBERÍAS VIVIR LA VIDA QUE QUIERES, Y NO SÓLO la QUE TIENES.